문학공원 시선 130

제발 티브이 좀 꺼요

정종복 시집

문학공원

자서

오늘도 글을 씁니다
그리고 내가 내 글을 읽습니다
첫 번째 독자입니다
읽고 내가 감흥이 없으면 그 글은 죽은 글입니다
내 글이 나를 설득시킬 수 없으면
다른 사람도 설득시킬 수 없으니까요
나도 확신이 없는데
어디다 내 놓을 수 있겠습니까?
수십 번 수백 번 쓰고 또 쓴 글이지만
결코, 태어나지도 못하고
태아로 죽고 말 것입니다
이렇게 죽어가는 글이
얼마나 쌓이면 글쟁이가 될까요

오늘 저는 새 생명을 받아내는
심정으로 이 시집을 내놓습니다

정종복이 걸어온 길

부모님의 양자 입적

아버지 정경오(당시30세)와 어머니 김광조(당시21세)가 결혼 후 부산시 기장군 정관면 모전리 양수마을에서 친부 정치근 친모 최귀진의 10남매 중 여덟 번째로 태어나, 가난하게 살다가 1954년 6월경 기장군 철마면 웅천리 492번지 거주하던 먼 일가 어른인 정근수, 김분이의 양자로 입적하면서 철마면에서 농사를 지으며 생활하게 된다.

그때 나는 잉태된 지 여섯 달 정도쯤 되었고 어머니의 뱃속에서 철마면으로 오게 된 것이다.

출생

1954년 11월 20일(음력 10월 25일) 밤 9시경 부산시 기장군 철마면 웅천리 미동마을 492번지 양 할아버지 집에서 맏이로 태어났다.

유년시절 및 학교생활

3대로 독자로 살던 가문에 맏손자로 태어난 정종복은 집안의 사랑을 독차지 하면서 자랐다.

부모님은 밑으로 남동생 셋 여동생 넷 등 여덟 명을 낳았지만 여동생 둘은 어릴 때 병으로 일찍 세상을 떠났고 동생들 모두 철마초등학교를 졸업하였다.

철마초등학교를 졸업하던 때 부산의 내성중학교에 시험을 쳤으나 떨어지는 바람에, 그 당시 철마면에 비인가 중학과정을 가르쳐주는 철마고등공민학교에 입학하였다.

그러나 졸업할 무렵 고등학교 입학 자격 검정고시를 쳤으나 수학과 한문제 과락으로 불합격해 고등학교 진학을 포기해야 했다. 그때 당시 수학 선생님으로 계시던 정화수(약 3년 전 작고) 선생님께서 고등학교에 갈 수 있도록 해 줄 테니 2만원을 가져오라고 하셨다.

당시 어려운 가정형편을 아는 정종복은 며칠을 고민하다가 용기를 내어 말씀드리지만, 그의 아버지께서는 "네가 고등학교를 부산으로 가면 남은 동생 5명은 우짜노?" 하시며 마음 아파하시기에 그냥 농사일 돕기로 결정했지만 마음을 잡지 못하고 살아가던 시절이다.

첫 직장 우체국 급사

1971년 초 17살 나이에 취직을 하러간 곳은 기장군 철마면 소재 철마우체국(별정우체국)이었고 주어진 업무는 잔심부름을 하는 급사였다.

첫 월급은 4천5백 원 정도를 받은 것으로 기억된다. 걸어서 출퇴근 하면서 점심은 가게에서 외상 라면으로 때우며 다녔다. 선배님들에게 업무를 배우기 시작하면서, 철마초등학교 운동장에서 자전거 타는 법을 배우고 나서는 배달업무도 보조하고 있었다.

만 18세가 되던 해인 1972년 7월 1일자로 철마우체국 임시집배부(일당 420원)로 임용되면서 우편배달부의 길을 걷게 된다.

그 후 철마우체국 사무장을 맡아 일하다가 군 입대를 위해 사직할 때까지 3년 6개월 간 일하게 되는데, 그때 우체국 공직생활은 이후 나의 삶에 많은 도움이 되었고 그 당시 우체국장님이시던 송봉용(4년 전 작고)님에게 지면을 빌어 고마움을 표한다.

군에 입대하다

1974년 봄 기장초등학교에서 받은 징병검사 결과는 1급 갑종이었다.

그 후 2년여를 기다린 끝에 1975년 12월 23일 육군으로 창원훈련소에 입영하였다. 추운 겨울에 군사 기본 훈련을 힘들게 마치고, 대전에 있는 병참학교에서 후반기

교육을 받는다.

자치구대 행정병으로 차출되어 훈련을 마치고 육군 제103보충대(춘천소재)를 거쳐 제2군수지원사령부 제18병참부대에 배속되어 그 부대 군수과에서 약 34개월의 군생활을 마치고 1978년 10월 10일자로 육군 병장으로 만기 제대를 하였다.

군대에서 검찰사무직에 도전하다

철마초등학교 졸업이 나의 정규학력이지만 군생활을 하면서 공부를 해 공무원이 되어야겠다고 마음먹었다.

당시 총무처 시행 국가직 검찰사무직 9급 시험을 목표로 정하고 근무 틈틈이 공부를 하였는데 제일 어려운 시험과목이 영어였기에 낮 근무시간에 영어단어 20개, 숙어 10개씩을 여러 개 잡책에 적어두었다가 보초시간을 이용하여 공부를 하면서 공부 욕심 때문에 자주 고참이 선순위거나 후순위 보초면 자진해서 대신 써주곤 하였다.

당시 시험과목은 영어, 국사, 행정법, 헌법, 형법, 형사소송법 등이었는데 군 본연의 임무를 소홀히 하면서 개인 시험공부를 한다는 이유로 대대장 내무 사열에 걸려 비싼 돈 주고 산 법률서적 등을 압수당하고 영창 대기상태로 이틀 간 있다가 군수과장님의 선처요청으로 영창을 면한일도 있었지만 공부에 대한 열정을 식지 않았다.

1978년 총무처에서 주관한 검찰사무직 시험에 응시하기 위하여 부산에 응시원서를 우편으로 제출하고 정기휴가를 받아 시험을 치려고 정기휴가를 기다리고 있었다. 그런데 시험 4일전 철마 갈치고개 버스 화재사건이 발생하여 급히 내려왔는데 철마면 전체가 큰 사고의 충격이라 경황없이 돌아다니다가 치룬 시험은 결국 낙방하고 말았다.

재도전으로 검찰공무원이 되다

군 제대 후 집에 와 보니 너무나 가난한 살림이라 아버지는 친구의 집에서 1년씩 계약으로 농사일을 봐주고 있었고, 큰 동생이 아버지 대신 소작농 농사를 짓는 상황이라 공부는 말도 꺼낼 수 없는 상황이었다.

그리하여 온갖 직업을 찾아다니던 중, 그래도 다시 한번 검찰사무직에 도전을 하겠다고 부모님을 설득한 결과 승낙을 받았다.

아버지 지게에 바지게를 끼우고 장작과 책 보따리를 얹어 지고 아랫마을에 있는 대곡제(압해정씨 부산제실)로 가 공부를 시작하였는데, 나는 "이번에도 무너지면 내 인생은 끝이다."라는 각오로 공부를 하였다.

나는 잠을 이기기 위해 찬물을 얼굴에 뿌리기도 하고 발가벗고 제실 내를 돌아다니는 등 혼신을 다하여 보지만 머리에는 잡념이 자꾸 똬리를 틀고 주위 분들은 가정형편이 이지경이고 고등학교도 못나온 놈이 무모한 도전을 한다는 비난의 소리를 듣게 된다.

이에 나는 이를 더 악물고 공부를 한 결과 1979년도 검찰직 9급 공개채용 시험에 합격하는 영광을 안게 되었다.

갑작스런 결혼과 검찰직 합격

제대 후 오래전부터 알고 지내던 현재의 아내와의 만남에 급하게도 하늘이 딸을 점지해주신 덕분에 아무런 마음의 준비도 없이 덜컥 부산 해운대구 재송동에 있는 제부 나주정씨 재송제실에서 결혼식만 간단히 올리게 되었다.

검찰직 공무원 시험에 떨어지면 어쩌나 가슴 졸이던 중 합격자 발표가 있던 날 새벽밥을 먹는 둥 마는 둥 시외버스를 타고 서면 지하도에서 파는 '서울신문'을 사 그곳에 실린 합격자 명단에 수험번호와 '정종복'이라는 이름 석 자를 확인하는 순간, 이유 없이 흐르는 눈물을 훔치면서 공중전화로 합격소식을 전하던 그때가 애잔해진다.

막걸리 두 말에 두부김치로 친구와 이웃을 불러 축하주를 먹던 그날 늦은 밤, 하루 종일 아무내색 않던 아내의 소리 없는 눈물을 보며 앞으로 정직하고 성실한 공무원이 되리라 다짐했다.

검찰공무원으로

나는 1980년 8월1일 자로 부산지방검찰청으로 발령을 받았다. 부산에 가서 보니 부산지검에는 빈자리가 3자리뿐이고 지청이 있는 마산, 충무, 진주, 밀양, 거창으로 1명씩 가야한다는데 모두가 부산에 근무를 희망하는 바람에 하는 수 없이 연수원 성적순으로 보내게 되었는데, 내 성적이 제일 좋아 그 중에서 1번으로 제가 부산지방검찰청에 근무하게 된다.

그로부터 부산지방검찰청 집행과, 총무과, 수사과, 차장검사실 등에서 근무를 하다가 부산지검 동부지청 개청과 함께 동부지청 수사과에서 수사업무를 담당하던 중 승진과 함께 울산지청으로 발령을 받았다.

그때부터 부산지방검찰청 울산지청 검사실 조사계장으로 1년여 근무하던 중 울산지청에 수사과가 신설되면서 초대 수사계장으로 근무하였고, 그 후 약 5년여 동안 수사업무에 종사하였다.

당시 대검찰청 인사계장의 말을 빌리면 전국 일반직 검찰직원 중에서 학력으로 보면 내가 끝에서 두 번째라고 하면서 열심히 하라는 격려를 받기도 하였다.

퇴직과 함께 법무사사무소를 개업하다

1995년 당시, 딸은 고등학생, 아들이 중학 이었는데 검찰공무원 봉급으로는 교육비도 빠듯하여 법무사 개업을 결심하고 추석 전에 아무와도 상의 없이 사표를 제출하였다.

의논하면 부모님이나 집사람이나 모두 반대할 것이 뻔한 것을 감지한 나는 간 큰 행동을 해 사표를 제출하였고, 대검 인사계장도, 제가 모시던 분이 검찰총장이 되시는데, 사표를 철회하라는 전화까지 하였지만 나의 결심은 확고하였다.

내가 만류를 듣지 않자 결국 사표는 수리되었고, 내가 퇴직하는 날, 당시 울산지청장이시던 정홍원(후에 국무총리까지 하신 분) 청장님께서 치청장 관용차를 내어 주시면서 전직원을 현관으로 불러내어 우리 부부를 태워서 환송하여 주셨다. 나는 그렇게 15년간의 검찰공무원을 마감하였는데 그때 나이 만 41세 참 겁없던 시절이었다.

  나는 무작정 고향 기장군 기장읍 교리 당시 기장군청 앞에 신축중인 사무실을 임대계약을 체결하고, 사무장을 구하는 등 준비를 하여 1995년 10월 30자로 개업식을 하고 법무사사무실을 개업하였다.

  그때부터 젊음의 혈기로 좌충우돌 하면서 지역 사회단체등에 가입하여 친분을 쌓으며 사무실도 안정을 찾아가던 무렵, 지방의원으로 출마해보라는 주변의 권유를 수없이 받으면서 내 마음이 흔들리며 출마를 결심하게 되었다.

늦깎이공부로 중·고등학교 과정을 마치다

  기장군군의회 의원으로 출마를 결심하고 준비를 하다 보니 학벌이 너무 짧다는 쑥덕거림을 들었고 나는 다시 공부를 해야겠다는 결심을 했다.

  용기를 내어 중학교 졸업인정 검정고시를 치기로 마음먹고 중학과정 공부를 시작했지만 기초가 없는 수학과목은 너무 어려웠지만 학원가기도 부끄럽고 해서 토요일 오후나 일요일 날 법무사 사무실에서 에어컨을 강하게 털어

놓고 진땀을 흘리며 문제풀이 책으로 공부를 하였다.

그렇게 열심히 공부한 결과 나는 2001년 8월 25자로 전체 합격을 하였는데, 특히 수학에서 과목을 만점을 받으면서 고등학교 입학자격 검정고시(중학졸업 인정)을 통과하였으니 그때 나이 만47세 때였다.

그리고 그 이듬해인 2002년 3월 동래고등학교 부설 방송통신고등학교 1학년에 입학하면서 3년간 일요일 마다 출석 수업을 하면서 방송고등학교를 우수상을 받으면서 괜찮은 성적으로 졸업하였다.

대학에 입학, 마침내 대학원 졸업 법학석사가 되다

나는 부산 동래고등학교 부설 방송통신고등학교를 졸업하면서 내친김에 대학을 가야겠다는 욕심이 생겼다.

하여 나는 부산 동명대학교 사회복지학과 수시모집 야간반에 지원하여 합격한 후 2년간 출석수업으로 사회복지학을 전공하여 졸업하면서 사회복지사 2급 자격증을 취득하였다.

여세를 몰아 영산대학교 행정학과 3학년에 편입하여 2년간의 공부를 하여 졸업하여 행정학사가 되었다.

다시 영산대학교 법무대학원(일반법률)에 입학하여 2년간의 법률공부를 전공하여 석서과정을 졸업하였는데, 공부를 마치고 보니, 중학과정 검정고시 공부를 시작하여 법학석사 졸업까지 꼭 10년간을 법무사로서, 의원활동을 하면서 늦깎이 공부를 하였는데 내가 생각해도 자신이 대견하다 생각이 든다.

기장군의회 의원, 기장군의회 의장이 되다

부산 동래고등학교 부설 방송통신고등학교 제1학년에 재학 중일 때, 2002년 전국동시지방선거가 실시되었고, 소선거구제였으므로 나는 기장군 철마면 선거구에 출마하게 되었는데 3명의 후보가 경쟁 끝에 당선의 영광을 거머쥐게 되었다.

2006년 전국 동시 지방선거 때는 중선거구제로 바뀌면서 기장읍, 철마면 선거구에 한나라당 공천으로 출마하였는데 3명을 뽑는 선거에 무려 20명이 출마하여 경쟁 끝에 재선에 성공하면서 5대 전반기 기장군의회 의장에 당선되었다.

2010년 전국동시지방선거에서는 기장읍 선거구에서 한나라당 공천으로 재출마하여 당선되었고 6대 전반기 기장군의회의장에 두 번째 당선되는 등 12년간 기장군의회의원으로 의장으로써 나름대로 열심히, 그리고 양심껏 의정 업무를 수행하였다고 자부한다.

그 결과로 2010년에는 의정봉사 대상(부산기초의원의장협의회)을 수상하고, 2013년에는 장애인정책 우수의원상(부산장애인단체)을 수상하였으며, 2013년에는 2013 위대한 한국인(100인)대상 / 의정공로(한국신문기자협회)를 수상한다.

2014년 제6회 지방선거에서 군수에 도전하다

2014년 전국 동시지방선거 때도 나의 도전은 계속되었다. 기장군수에 도전하고자 새누리당 공천 경쟁에 뛰어들었으나 경선결과는 홍성률 후보가 공천되면서 군수의 꿈을 접었고, 그후 홍성률 후보의 공동선대본부장을 맡아서 성심껏 힘을 보탰지만 결과는 낙선하면서 나의 심정은 참담했다.

그 동안 나는 바르게살기 기장군회장, 자유총연맹 기장군 명예회장, 국제로터리 3661지구 기장로터리클럽 회장과 기장지역 대표, 기장군 사회복지사협회 회장, 철마초등학교 총동창회장 등을 역임하면서, 기장지역 사회에 보탬을 주고자 나름대로 노력해왔다.

현재의 활동 상황

20년 간 기장읍에서 운영하던 법무사 사무실을 정관읍으로 이전하여 짧은 법률지식을 팔면서 살아가고 있으면서

1. 국민건강공단 부산 기장지사 노인장기요양보험 등급판정위원장으로서 기장군 어르신들의 요양업무에 일조하고 있다.

2. 부산지방검찰청 동부지청 형사조정 위원으로서 형사 고소 사건의 원만한 조정으로 법 감정해소와 검

찰업무 경감에 기여하고 있다.

3. 부산기장경찰서 경미범죄심사 위원으로서 법에 무지하여 순간의 실수로 저지른 경미범죄자의 선도에 참여하고 있다.

4. 동부산농협(조합장 송수호)의 초대 사외이사로서 농민조합의 내실 경영과 조합원들의 권익향상에 기여하고 있으며

각종 봉사단체에 회원 및 고문으로 위촉되어 활동하고 있다.

합 격 증 서

세 18299 호 수험번호 618

성명 정중복 성별 남

주민등록번호 541120-

위 사람은 2001 년 8 월 2 일 시행한

고등학교 입학자격 검정고시에

전과목 합격 하였음을 증명함.

2001 년 8 월 25 일

부산광역시 교육청 검정고시위원회 위원장

제 3213 호

졸 업 장

성명 정 종 복
1954년 11월 20일생

위 사람은 3개년의 전
과정을 수료하였으므로
본 졸업장을 수여함

2005년 2월 20일

동래고등학교부설
방송통신고등학교장 한 경

제 2-118031 호

사회복지사자격증

성   명 : 정종복

주민등록번호 : 541120-

등   급 : 2 급

위 사람은 사회복지사업법 제11조의 규정에 의한 사회복지사자격이 있음을 인정함

2007년   03월   20일

보건복지부장관

20 · 제발 티브이 좀 꺼요

제 623 호

학 위 기

성 명 정종복
1954 년 11 월 20 일생

위 사람은 본 대학원에서 일반법무전공 석사학위 과정을 이수하고 법학석사(일반법무) 의 자격을 얻었으므로 이를 인정함.

2011 년 02 월 18 일

영산대학교 대학원장 경제학박사 추

위 인정에 의하여 법학석사(일반법무)의 학위를 수여함.

2011 년 02 월 18 일

영산대학교 총장 명예법학박사

영산대학교 학위등록번호 : 영산대(석)-0003

차례

자서 ··· 5
정종복이 걸어온 길 ································ 6

1부. 구부려놓는 마음

구부려 놓는 마음 ································ 28
철길 ·· 29
술에 빠지면 ·· 30
나무 다이어트 ···································· 32
겨울나무 ··· 33
깨달았을 때 ·· 34
우友테크 ··· 35
거울 앞에서 ·· 37
검정고시 동문회 ································· 38
잠빚 갚기 ·· 40
어설픈 농부 ·· 43
밥값 대신 ·· 44
두루마리 휴지 ···································· 45
변덕쟁이야 ·· 46
아침 ·· 47
시詩 다림질 ·· 48
멸치젓갈 ··· 49
취조를 받으며 ···································· 50
세면 비누 ·· 52
제발 TV 좀 꺼요 ································ 53
혀 ·· 54
예순을 넘어 ·· 56
우슬 닭발 ·· 57
김밥처럼 ··· 58

2부. 손만 한번 흔들어줘도

신도시 조성 ····· 60
댓잎 같은 삶 ····· 61
세월의 강 ····· 62
디딤돌, 혀를 차다 ····· 63
헌 신문지新聞紙 소고小考 ····· 64
쑥떡을 먹으며 ····· 65
논두렁을 태우며 ····· 66
멸치의 후회 ····· 67
동기생 나들이 ····· 69
건강습관 들이기 ····· 70
젊은 아빠 ····· 71
틈 ····· 72
나무에게서 배우다 ····· 73
장 담그기 ····· 74
부고訃告 ····· 75
시詩 농사짓기 ····· 76
흰 고무신 ····· 78
손만 한 번 흔들어줘도 ····· 79
거미줄 ····· 80
아궁이 ····· 81
젊은 병 ····· 82
거문산 할미꽃 ····· 83
아버지의 귀중품 ····· 84

3부. 자기다운 삶

보이차를 우리며 ······ 86
마음 가꾸기 ······ 87
출발선에서 ······ 88
반말 ······ 89
상추쌈 ······ 90
가장 멋진 시 ······ 91
자기다운 삶 ······ 92
깜빡거리다 ······ 93
땅끝마을에서 ······ 94
절에 가거든 ······ 96
믿음 ······ 97
걸읍시다 ······ 98
마음의 영토 ······ 99
죽비의 가르침 ······ 100
소통의 힘 ······ 101
그래도 살아지더라 ······ 102
마지막이 일등 ······ 104
황소고집 ······ 105
한자리 ······ 106
작은 아픔 ······ 108
광복절에 ······ 110
수도암에서 ······ 112

4부. 호박을 심는 마음

포대화상을 보고 ······ 114
남의 이야기 ······ 115
독감 ······ 116
내 마음의 우체통 ······ 117
야옹이 똥 ······ 118
탁배기 ······ 119
낙지 ······ 120
대변바다 ······ 121
고구마 수확 ······ 122
연꽃들의 연회 ······ 123
삶의 전쟁터에서 ······ 124
필연 ······ 125
성냥불 추억 ······ 126
여름밤이 불러낸다 ······ 127
엄마의 호미 ······ 128
머위 ······ 129
첫 제사 ······ 130
엄마는 혼자다 ······ 131
우리 집 안전벨트 ······ 132
밭이 돌을 낳았다 ······ 133
삶이란 ······ 134
참깨 ······ 135
호박을 심는 마음 ······ 136

작품해설
김순진(문학평론가 · 고려대 평생교육원 교수) · 138

1부.
구부려놓는 마음

구부려 놓는 마음

사과밭 넘어올까
둘러 쳐놓은 철조망

지나가는 행인 다칠까봐
뾰족한 끝을 구부려 놓았다

작고 사소하지만
너무나 깊고 고운 마음이다

내가 남들에게 말하고 행동하는 끝이
뾰족한 줄 이제 알았다

내 마음속의 뾰족한 심사
이제 구부려 놓는다

행여
누가 다칠까 해서

철길

어차피 만날 수 없는 숙명이라면
마주보고 나란히 가는 것이 행복일 수도 있지 않을까

가끔씩 웃으며 끝까지 그렇게 가는 것도
애틋한 사랑이 아닐까

장애물이 나타나면 고함쳐 알려주고
가끔씩 손 뻗어 잡으려는 욕심도 내보면서

사랑도 행복도 함께 만들며
가는 것도 가슴 뛰는 삶이니까

언제까지나 헤어지지 않는 그 만큼의 거리에서
근심걱정도 함께하며 나란히 가는 사랑이

만났다 상처만 남기고 금방 헤어지는 사랑보다야
더 멋지고 지순한 사랑이 아닐까

술에 빠지면

물에 빠지면 몸이 씻기지만
술에 빠지면 몸을 더럽힌다

물에 깊이 빠져도 건질 수 있지만
술에 깊이 빠지면 건질 수도 없다

물에 빠지면 자신만 젖지만
술에 빠지면 여럿을 망치고 화를 부르기도 한다

물은 많이 먹기가 힘들지만
술은 마실수록 자꾸 술을 부른다

물을 자주 마시면 몸이 맑아지지만
술을 자주 마시면 가문과 사회까지 망칠 수 있다

소인이 술에 중독되면
집안만 망치지만

대인이 술에 집착하면
나라까지 망칠 수 있다

이 바쁜 연말 그냥 넘길 순 없지만
적당히 마십시다, 나부터

나무 다이어트

한여름을 애써 키운 열매를 자연으로 돌려보내고
잎마저 가을바람에 날려 보낸 나무는 다이어트에 성공했다
풀도 기름기 다 빠지고
나무도 물기마저 말라 온몸이 홀쭉해졌다
추운 겨울 날씨에 바람도 덜 받고
눈도 덜 쌓이고 겨울나기는 훨씬 수월해졌다
찬바람 불고 흰 눈 내려도 가벼워진 몸으로
이리저리 비켜가고 납작 엎드려
숨죽이고 버티며 살아간다

겨울나무

여름날에는 푸짐하게 먹고 씩씩거리며 춤을 추더니
겨울엔 자연식도 변변찮은지 점점 메말라 비틀거리며 서있다
땅의 멀건 죽도 겨우 먹고 혹독한 겨울을 버텨내야 한다
얇은 옷가지 겨우 끼워 입고 울뚝불뚝한 근육질을 핑계 삼아
버텨보지만 흙의 도움 없이는 살아갈 수 없는 처지다
가끔씩 햇살이 돋보기를 대며 덤벼들지만 그쯤이야 이길 수 있다
희망을 품고 끝까지 버텨낸다
따뜻한 봄비 머금고 푸른 꿈 펼치며
다시 신나는 춤을 추며 살아갈 그날을
위하여!

깨달았을 때

세상 이치는 서로
오고 간다고 듣고 삽니다

봄이 온다고 온 천지가 기뻐서
야단법석을 떨고 있습니다

강물도 와서 가고
온갖 풀잎도 왔다가 갑니다

영원히 변함없이 있는 것은
아무것도 없습니다

잎이 나고 지고 꽃이 피고 지는 이치를
늦게야 깨닫습니다

천년만년 함께 하실 줄 믿었던 아버지도
사실은 떠나시고 나서야 깨달았습니다

무슨 일이든 깨달았을 때는 이미 지나가고 없었습니다
지금 주변을 돌아보세요

우友테크

세계 13위 경제대국인데 삶의 만족도는 31개국 중 꼴찌
10점 만점에 5.9점이라네요
살다 곤경에 처했을 때 기댈 수 있는 친구가 없어서 그렇답니다
삶의 지수가 낮으면 촘촘한 사회안전망을 구축해야 하는데
비 기다리는 천수답처럼 살고 있습니다
지금 필요한 것은 우友테크입니다
잘못하다가는 현재의 삶마저도 모래성이 될 것이 뻔합니다

위로만 오르다가 낭떠러지에 떨어져서야 되겠습니까
행복을 위해 좋은 친구를 사귀고 많이 베풀고 봉사해야 합니다

한 잔 기울이기 좋은 12월 이 해가 가기 전에
삭풍에 목도리 같은 벗들과 저녁식사는 어떨까요
브리보! 파이팅!

거울 앞에서

향교에서 유복을 입고 내 얼굴을 바라본다
많이 수척해 보인다
코 이마 볼 입술을 하나하나 뜯어 본다
이마에는 세월의 흔적
볼은 움푹 파인 웅덩이다
매일 보는 내 얼굴
오늘은 나를 달래준다

아들로
아버지로
남편으로
늘 수고 많습니다

고맙고 사랑합니다

검정고시 동문회

그때는 다 그랬지만
유독 우리 집은 더 했습니다
조부모, 형제 여섯, 식구 여덟
입에 풀칠하기도 바쁜데
학교, 그게 뭐 대수냐고

중년의 삶을 살아오면서
졸업장 없는 서러움, 가슴속에 가득했습니다
늦깎이 공부로 국가검정고시에 도전했습니다
피나는 역경 이겨낸 지난 세월을
안주삼아 함박웃음 가득한 모임

서로에게 디딤돌 되어주며
중장년의 밤이 젖는 줄 모릅니다
나이나 직업에 상관없이, 우리는
검정고시 졸업생입니다
검정고시 동창생입니다
국가고시 합격생입니다

남은 삶 멋지게 살자
기장동문회 화이팅! 파이팅

잠빚 갚기

첫새벽부터 눈 비비며
온 종일 이리 뛰고 저리 뛴다
회식에 2차까지 자정을 넘긴다
하루 이틀 밀린 잠,
이자까지 보태면 일주일이면 눈덩이처럼 불어난다
밥맛도 없고 피곤이 겹치니
집중력 떨어지고 만사가 귀찮다
잠빚도 오래 방치하면 병이 된다
잠빚이 조금씩 쌓이고 이자까지 합치면 병원에서 소환장이 오고
그것도 버티면 병원에서 동행명령장을 행사한다
검사나 주사 등 약식으로 풀려나지만
스트레스는 점점 더 짙어져 간다

현대인이여!
아무리 바쁘고 시간 없어도 잠빚만은 갚으며 살아갑시다
이자는 제쳐두고 원금이라도 조금씩 갚아야 살 수 있습니다
잠빚 갚는 날은 금요일이 좋더이다
불타는 금요일에 몰아서 잡시다
꿀잠으로 조금씩 조금씩이라도

금요일에도 쉼 없이 달리면 복리이자에 감당이 어렵게
됩니다
　몸에게 진 잠빚을 안 갚으면 결국은 파산밖에 없어요
　코를 골며 죽은 듯이 잠을 잡시다
　누가 대신 갚아줄 수도 없고 보증해 줄 수도 없는 잠빚
날마다 일수로라도 갚으며 살아갑시다

어설픈 농부

공직 생활에 법무사 운영
그래도 농부의 장남이라고 큰소리치고 살지만
상추는 절반도 싹이 안 나고
고추는 벌레 먹어 근근이 몇 포기만 자라고 있다
열무는 빨리 크라고 비료 주어 반쯤 죽게 해놓고는
남의 밭 상추와 고추를 얻어먹는 나는
아직은 어설픈 농부다

우선 밭이나 생물에게 미안한 마음부터 가지고
내 마음밭부터 일군 후에 농법을 다시 배워야겠다

농사, 그 쉬운 것 같아도 제일 어렵네

밥값 대신

네 시간에 걸친 회의
격론 끝에 의결하고

늦은 저녁으로 맛있는 삼겹살에 쇠주
대접받고 나오다가

자판기에서 무료 커피를 뽑아
한 잔씩 두 손으로 건넸습니다

밥값을 내고 싶었지만
이렇게라도 하는 것이 소통이기에

두루마리 휴지

돌돌 말려진 너의 속을
내 어찌 알수 있으랴만
너무 깊은 사랑은 하지 말라고
정지선을 그어 놓은
그 점선

어디까지 풀어야 할지
고민이 곧 작은 사랑이다
은은한 분향 풍기며 살포시 안겨드는
너의 포근함이 좋다

순수하고 부드러움에 젖어
늘 부담 없이 느긋하게
너의 가슴을 풀어 헤친다

변덕쟁이야

고속으로 직진하던 여름이
갑자기 유턴을 한다
빗줄기도 롤러코스터를 타고
갑자기 확 쏟아지다가 약해지고
이내 그쳤다를 반복한다
중부는 넘치고 남부는 아예 바닥을 드러내고
이거 변덕이 너무 심한 것 아닌가

비도 그치고 폭염도 꺾이고
날씨도 평준화 되어간다
날씨를 탓한다고 변할 것도 없겠지만
우리의 마음기상도만이라도
늘 밝고 맑고 포근하길 바래본다

가을님! 어서 오세요
부산사람 쪄죽겠어요
저만치서 여름과 가을이 끌어안고
입맞춤하고 있다

계절, 그는 너무 심한 변덕쟁이다

아침

동해선 열차는 새벽마다 기적소리로 나를 깨운다
치약의 향기로 늘어진 정신을 당겨 매고
세수로 마음을 다지며 거울속의 나와 웃으며 인사한다
변기에 앉아 일정을 체크하며
상쾌한 기분으로 업시킨다
조용한 마루 책상에 앉아 네이버 뉴스를 대충 훑고
'오늘의 시'를 올리는데 제법 시간을 잡아먹는다

일광산 오르는 발길은 늘 가볍다
푸른 들풀들이 고개 숙여 인사하고
산새소리 바람타고 즐겁게 난다
나도 덩달아 어깨 실룩거리며
한 발 한 발 조심히 오른다

아침 밥맛이 꿀맛이다

시詩 다림질

쓰고 쓰고 또 써 봐도
이렇게 어려운 줄 몰랐습니다
반듯한 남의 시 한 줄에 쉽게
주눅 들고 얼굴 붉어집니다
예순 들면서 등 넘어 배운 탓에
온갖 정성으로 다려놓고 보면
두 줄이 잡혀져 있고, 다시 다리면
다른 데가 쉬이 구겨지기 일쑤입니다
선명한 일 자 주름 하나 잡아보려고
끈덕지게 입에 물거품 품어대며
고열로 다림질하고 또 말려보지만
목 부분 하나도 제대로 못 다리고 있으니

멸치젓갈

대변항1)의 배에 죽음이 가득하다
그물에 목을 매단 죽음 앞에 슬픔보다는 웃음이 시끄럽다
어여샤 어여샤
어부들의 힘찬 손놀림에 죽음이 하나둘 뒹굴고 있다
피 비린내 바다에 가득하다
투박한 갯사람들의 외침이 항구를 출렁이게 할 때
죽음을 실은 트럭이 핏물을 흘리며 무거운 발걸음을 움직인다

싱싱한 대변멸치 왔습니다
멸치젓 담으소

숨통 끊어진 채 굵은 천일염으로 버무려진 죽음들
양철동이 속에 묻혀 두꺼운 비닐 속에서 익어가며
멸치가 시끌벅적 대변항의 새벽을 열고 있다

멸치 담으소
싱싱한 대변 멸치 담으소

---

1) 대변항에서는 기장멸치축제가 2017년 4월 21일부터 23일까지 3일간 열렸다.

취조를 받으며

골이 흔들리고 목이 뻣뻣해도 태연하게 숨기고 지나쳤다
소환장 오기 전에 자진 출두한 외과진료실
성명, 주민번호를 적고 죄인처럼 취조를 받는다

어디가 어떠세요
뒷목이 뻣뻣하고 머리도 찌근찌근하고
어깻죽지도 너무 아픕니다
언제부터 그랬어요?
몇 달 전쯤부터 그랬는데요
거짓말 탐지기에 눕히고 어리저리 취조를 해본다

목 디스크 의심, 간헐성 편두통, 오십견 초기 등
죄명이 여러 개다
제법 오랜 벌을 선고 받아야 할 것 같다
아픈 것도 죄라면 제발 징역만은 면해서
약식의 벌금을 내고 사회봉사 명령을 받겠다고
최후 진술을 하며 애원해본다

며칠 동안은 더 증거조사에 응해야 한다는 통보를 받고
변명 한 마디 못했다
그동안 무심코 지은 죄를 뉘우치며
적부심에서 용서를 빌고 빌면서
늦게나마 후회에 후회를 해보지만
이미 때는 많이 늦은 것 같다

그래도 이때쯤에 깨달았으니 얼마나 다행인가?
아휴! 맙소사

세면 비누

온몸에 향기 가득 품고
젖어 있는 너의 피부
차마 미끄러질까
조심조심 몸을 비벼댄다

그때마다 거품꽃 피우며
나의 몸을 애무하는 너의 속살이 간지럽다
하나둘 지워져가는 흔적
씻어주고 밀어주는 부드러운 손놀림이
가히 고맙다

그래도 보내야 하기에
순간의 사랑을 지운다

너의 향기만 간직한 채

제발 TV 좀 꺼요

동네 경로당 할머니들 제발 티브이 좀 끄라고 난리다
매일 지지고 볶고 지랄들이니 티브이 보기가 싫단다

많이 배우고 잘났다는 것들이 좋은 것 처먹고
하는 일이 싸움질만 하고 있으니 말이다
허우대는 멀쩡한 것들이 욕심이 머리끝까지 차서
양보는 조금도 안하고 떼를 지어 고함만 쳐댄다
사람이기에 실수할 수도 있다
실수하고 잘못했으면 사실을 인정하고 용서를 빌어야 한다
높이 배우고 많이 가졌다면
못 배우고 불쌍한 사람들을 도와주며 함께 살아야 할 건데도
낯짝 두껍기가 철판보다 더하고
양심이라곤 손톱만큼도 없으니
요즘의 세상 꼴 보기도 싫단다

이놈의 세상 우째야 좋을꼬
나무아미타불 관세음보살!

혀

그는 잠시도 마를 날 없이 젖은 채로
쉴 새 없이 바쁩니다
눈도 귀도 없으니 더듬더듬
밀고 당기고 후비고 섞으며
누웠다 앉았다 구르면서
온몸을 꼬아 대며 높은 천장도
잠겨진 대문 밖까지도 청소하는
그의 부지런함에 내 몸은 성합니다

가끔씩 이빨에 씹히면서
짜고 달고 쓰고 신맛을
맛보기 하며 평생을 살지만
잠시 대문열어 공기 마실 뿐
누워서 일하는 순하디 순한 너
어떤 날은 독한 술에 취해
늘어져 일어나지도 못한 채
슬금슬금 기어서 온 집안을 훑으며
퉤퉤 뱉어내는 설움이 입 밖으로 튀어나갑니다

가끔 혀끝에 찾아오는 사랑을 꿈꾸며
새벽부터 자기 몸 닦아내고 찬물로 헹구며
아침밥 준비에 정신을 차립니다

하지만 그가 성질나면 너무 무섭습니다
비수가 되어 찌르기도 하고
큰 소리로 쌍욕을 퍼붓기도 한다
그의 뿌리는 깊이 박혀 힘이 장사입니다

예순을 넘어

꽃망울 피어나고
꽃 지는 기간이 꽃마다 다르듯이
예순을 훌쩍 넘어 옆을 보니
몇은 일찍 산으로 갔고
몇은 아직도 달리기 한다
사람도 꽃과 같아서
피고 지는 시기가 각각 다르니
나이만 탓하지 말고
놀 때는 즐겁게 놀고
쉴 때도 푹 쉬고
쓸 때도 기분 깻 쓰면서
걱정일랑 내려놓고

자주 만나서
맛난 음식 먹고 실컷 웃으면서
아름다운 칠순을 향해
쉬엄쉬엄 가자구나

우슬 닭발

닭발을 목욕시키고
말린 우슬을 물에 불려서 솥에 고이 안쳤다
소나무가지를 깔고
죽은 울타리 대나무를 포개놓고 불을 붙인다
타닥타닥 불꽃에 힘이 실렸다
닭발과 우슬이 엉겨 붙으며
솥전에 눈물이 흐르면
내 눈에도 눈물이 삐져나온다

닭발이 솥 안을 뒹굴며
우슬을 발로 차며 싸우다
엎어져 울다가 쓰러지더니

닭발이 양발을 벗고
솥의 눈물이 말라가며
나를 부를 때
나의 무릎은
벌써 가볍고 시원해져간다

김밥처럼

서로 다른 색깔의 옷을 입고
자기 아니면 나라를 바로 세울 수 없다고
전국을 휘젓고 다니는 후보자들
모두를 불러 모아 한데 말아서
한 줄의 김밥으로 감싸 안을 지도자는
눈 씻고 봐도 없다고 하소연이다
김밥은 아무리 잘 말아도
옆구리가 터지기 마련이니까
김밥처럼 서로 부둥켜안고 비벼대며
우리의 입맛을 맞추어 줄
그런 사람은 언제 나타날는지
그런 사람을 누가 알아줄 런지
선량한 국민들은 배가 고파도 참으며
먹고 싶은 색깔의 반찬을 찾기 위해
아직까지도 판을 뒤적이고 또 뒤적여보며
고개를 갸우뚱거리고 있다

그러다 때를 놓치면 굶어야 하는데도

2부.
손만 한번 흔들어줘도

신도시 조성

대대손손 평화롭던 터전에
포클레인 덤프트럭이 쉴 새 없다
봄 입맛 돋우던 미나리밭
고소한 봄동 솟구치던 들녘이
한 뼘 두 뼘 죽어가며 신음 중이다
푸르던 소나무 둥치 째 쓰러지고
새 하얀 꽃 피워 손짓하던 매화나무는
흔적조차 가늠할 수 없다
아직도 떠나지 못한 몇 집에는
적막 속에 개 짖는 소리만 요란하다
훗날 살던 고향집이 어디쯤일지 눈기늠해보며
집 앞에 쭈그려 앉아 눈가에 허옇게 맺힌 초를 닦는 촌로村老는
하루하루가 일 년보다 더 길단다
먼 곳으로는 가지 않고 부근에서 남은 생을 보내면 좋겠다며
쓰디쓴 웃음을 짓는다

댓잎 같은 삶

댓잎에 윤기가 있으면
이슬을 맞았다는 것
댓잎이 허옇게 말라 있으면
물 한 모금도 아쉽다는 것
댓잎이 가볍게 흔들리면
실바람이 분다는 것이고
댓잎이 세차게 흔들리면
폭풍이 분다는 것이다
댓잎이 축 늘어지면
비나 눈을 덮어쓴 것이고
댓잎이 오그라들면
햇볕이 따갑다는 것
대나무는 곧은 성정이지만
그 잎이 유연하게 흔들리며 산다

우리들 삶도 댓잎과 같아서
순응하는 것이 현명한 삶일진대
가끔씩 역행하며 살다보니
큰 화를 입고 나서야 후회한다

세월의 강

세월의 넓은 강물에 조그만 나를 미끼 삼아
멋진 인생사 낚으려는데
송사리들이 입질만 해대고
잉어들은 본 체 만 체 한다
춘하추동 청풍명월 낚싯대 드리워 놓고
허송세월만 다 보내는 심정

에이 씨부럴!
전부 던져 버리고
우선은 낡은 소쿠리 들고 냇가에 들어가
작은 중태기라도 몇 마리 잡아야겠다

채소 듬뿍 넣은 걸쭉한 매운탕에 다시 힘을 내어
더 큰 낚싯대를 더 멀리 던져야겠다

디딤돌, 혀를 차다

밟히고 밟혀서
반질반질해진 절간의 디딤돌을 본다

대웅전 법당 옆문에 앉아
치성 드리는 불자들의 무거운 발을 받혀주는 그
들어갈 때의 무게보다
나올 때의 무게가 훨씬 가볍단다
그러다 한번씩은
깜짝깜짝 놀란다고 한다
디딤돌은 삐죽거린다
뭣 하러 법당에 기도하는지
차라리 절 옆 맑은 냇물에
시꺼멓게 굳어진 욕심 덩어리를 뒤집어
털털 씻으면 될 것을,
쯧 쯧

헌 신문지新聞紙 소고小考

낡아빠진 기사들이 아스팔트 위를 뒹굴고 있다
한때는 따스한 거실에서 커피향기 맡으며 놀았을 신문新聞
세월 지나 온갖 주둥이들이 씨부린 말들이
쓸모없어진 채 상복을 입고 곡을 하고 있다
두꺼운 안경 내려 깔고 울고 웃었던 그 면면들이
줄지어 문상을 하고 있는 거다
사람들 발에 밟히고 찢겨져
그 누구도 아는 척 하지 않는 말년의 초라한 죽음들
어쩌다 노숙자 손에라도 붙잡혀 숙면의 잠을 자고 싶
은데
겨울비마저 세차게 때리니 모든 희망을 접는다
어둡고 찬 수챗구멍에 빠져 허우적거리다
귀퉁이마저 잃어버리고 엎어져 있을 때
지나는 노인의 자비로 묻은 흙 털어내며
간신히 리어카에 쓰러져 눕혀진다

생이 다 이렇다면
열심히 살 맛 나겠나

쑥떡을 먹으며

쑥뿌리가 땅 밑에서 쉬지 않고
발로 차올리며 안간힘이다

봄이 다 오기 전에 모처럼 쑥떡을
먹어보니 그 맛 정말 봄맛이다
씹지도 안았는데 쑤욱 목덜미를 미끄러져 내려간다
머지않아 햇쑥이 돋아나면 떡을 만들어 먹으면서
얼마나 쑥덕거릴지 벌써 부터 걱정이다
쑥덕이는 내용들이 시끄러운 정치권이 아닌
우리들이 바라는 희망의 봄소식이었으면 더더욱 좋겠다

올라오는 새 쑥잎만큼
열과 성을 다해 봄을 맞이하자

논두렁을 태우며

타닥 타다닥, 논두렁에 불을 놓는다
불어오는 찬바람에 휘익거리며 걸음이 바쁘다
불꽃이 춤추며 하늘로 오르는 동안
뜨거워 죽겠다는 고함소리
들판가득 메아리치며 안개를 한껏 토해낸다
저 불길 힘껏 달려 나가니
잠자던 들쥐새끼 놀라 도망치고
잠을 깨던 메뚜기알 그냥 죽어간다
눈 비비던 쑥잎들 움추리며
땅속에 머리를 처박고 쪼그린다
잔디의 새까만 얼굴을 새벽 찬이슬이 씻어주고 나면
지나는 봄바람에 하루 이틀 후면
연푸른 옷으로 갈아 입을 거다
비명소리 질러가며 논두렁이 타는 동안에
탈것도 없는 내 가슴도 소리 없이 타들어 가고
푹 파인 내 눈 속에 조금 남은 눈물이
볼을 타고 흐른다

멸치의 후회

큰물에 태어나
세상 넓고 깊은 줄만 알고
가고 싶은 곳 마음대로 다니고
편안한 집에 자빠져 자고
맛있는 것 실컷 먹고
까불대며 살다
아차!
정신차려보니
통째로 묶여져 꼼작 못하게 되었다

진즉에 정신을 차렸더라면
지금도 대해를 휩쓸 텐데
모가지 꺾이고 핏기마저 말라져
시골 할매집 냄비 속에서 펄펄 끓여져
영혼마저 다시물로 빼앗기고
허물해진 육체나마 거름 밭에 뿌려져
젊디젊은 생을 마쳤다

생은 다 부질없다지만
하루하루를 값지게 살지 않고
늦게 후회해본들 무슨 소용이랴

동기생 나들이

콧수건 달고
똘망똘망 어리 둥절
싸우다가 까불면서 6년을 뒹굴었다
어연 50년 전이다
이젠 손수건 들고 눈물 콧물 닦으며
모처럼 나들이 간다
일찍 하늘 간 친구도
조금씩 아픈 친구도
아직 성성한 친구도
버스에 탄 얼굴들
모두 진달래꽃이다
향기는 덜해도
오늘만은 모두가 활짝 피어 까불고 난리다
더 자주 보자
더 웃자 더 놀자
아직은 갈 길이 한참 멀어서
좋았던 하루다

건강습관 들이기

짧고 쉬운 것부터 의지를 가지고
반복해서 행하여 몸이 습득해야 하고
습관이 되어야 한다
여러 번 고비가 닥치지만 기꺼이 고비를 넘겨야 한다
실천하면서 나에게 잘한다고 칭찬해주고
내 몸에게 고맙다고 치켜세워주어야 한다
참 대단하다고 잘 이겨낸다고
내 몸에게 친절하고 예뻐해 주어야 한다
그렇게 조금씩 내 것이 되면
건강한 몸과 육체가 되어질 것이다
갈수록 내 몸의 나이테는
넓고 굵어져서 뿌듯할 것이다

무엇이든 하루아침에 이루어지는 것은 없다
있다 해도, 곧 무너질 것이므로
습관은 내 것이 되고
오래도록 나를 지켜줄 것이다

젊은 아빠

일요일 백화점 옷 코너
아이들 눈이 동그래지고 엄마는 옷 고르느라 정신없다
가방을 든 젊은 남편은 코너 뒤쪽으로 가서
몰래 지갑을 열어보고는 얼굴이 붉그레해지고
입맛을 다시며 물끄러미 바라보고만 있다
침만 꿀꺽 삼키는 목울대가 힘겨워 보인다

그래도 큰맘으로 주머니 속에서 주먹을 꽉 쥐며
빙긋 웃는 모습이 조금은 애처롭다

틈

당신과 나
그리고 우리들 사이에는
아주 작은 틈이 있습니다
보이지 않아서
느끼지 못해서
그냥 지나쳐 가는 틈이 있습니다
아직은 너무 작아서
앞으로도 커지지 않아서
오래도록 모르고 살면 참 좋겠습니다

혹여 당신이나 내가
또한 우리들 중에 누가 그 틈을 발견하고서
몰래 그 틈을 메우며 사는지도 모르지만
그 틈이 더 커지지 않도록
서로서로 믿음의 자물쇠를 굳게 채우고
열쇠는 멀리 던져버렸으면 좋겠습니다

그렇게 살기를, 우리
매일 기도하면 어떨까요

나무에게서 배우다

저 나무를 보세요
나뭇가지는 자기 맘대로 울타리를 넘나듭니다
바람이 지나가다 쉬었다 가고
온갖 새들이 집지어 살아도
욕하거나 거절하지 않습니다
우리는 넘지도 못할 울타리를
곳곳에 쳐놓고 살아갑니다
나와 다른 그 무엇을 찾지 말고
나와 같은 것을 찾으려고 애를 써봅시다
그러면 상대에 대해 배려하는 마음과
존경하는 마음이 싹틀 것입니다
건건件件마다 구실을 찾아 대립하며 싸우고
상대를 몰살시키려는 오늘의 현실 앞에서

나무는 가만히 서서
나 좀 보라고 질책하고 있습니다

장 담그기

시어머니와 며느리가 손 없는 날을 잡았다
입동 무렵에 쑨 잘 뜬 메주가 진한 천일염을 뒤집어쓰고
볕 잘 드는 장독대 가장자리 항아리 속에서 숙면하고 있다
빠알간 고추를 물고 검은 숯덩이를 끌어안고
좋은 간장과 된장이 되려고 힘들게 앓아누워 껌벅거린다
저러다 깨어나면 기분 좋고 너무 개운할 거다
장은 정월에 담아야 맛있단다
온도와 습도가 찰떡궁합이라 적은 소금을 먹고도
맛도 좋고 인물도 좋단다
추위 속에서도 달과 해의 광선을 쪼이면서
녹았다 얼었다 엄마의 손맛이 익어가고 있다

손에 장을 지지는 마음이
엄마의 장맛이다

부고訃告

아침마다 대문 앞에 엎드린 신문을 들고 보이차를 마신다
일면 머리기사는 늘 정치판이다
제목만 훑어 넘기다가 사설에서 세상 돌아가는 소리를 듣는다
 그 밑 구석진 곳에 상주들의 통곡소리 구슬프다
뉘신 지는 몰라도 매일 그 길을 가신다
어떤 날은 여럿이 함께 가시고
어떤 날은 혼자 쓸쓸히 가시는 망령들
말이 없다
떠난다는 것은 섭섭하고 애석하지만
편히 모시려고 곡소리 눈물바다로 모두들 뜬눈이다

달랑, 이름 한 자 남기고 가지만
걸어온 길에 찍힌 발자국은 오래오래 지워지지 않을 터

"삼가 고인의 명복을 빕니다"

시詩 농사짓기

어김없이 일어나는 새벽 5시 반 전후
눈 비비며 양치와 세수를 하고 새벽하늘을 쳐다본다
별들이 말똥말똥 빛나고 있다
의식을 가다듬고 이면지에 시 고랑을 만든다
선비가 먹을 가는 심정으로 온갖 상념을 정렬시키고
한 구절 한 연을 정성껏 심는다
그 위에 투명한 비닐을 덮어준다
몇 날이 지나야 싹을 틔울까
예쁜 씨앗은 며칠 만에 싹이 나지만
못난 놈은 오랫동안 애를 태운다
나쁜 놈은 아예 자살하는 놈도 더러 있다
싹을 튼실하게 키우기 위해서는
정성들여 물도 주고 잘 발효된 비료도 주어야 한다
최고의 상품으로 시장에 내놓으려면
떡잎도 솎아주고 비가림도 해줘야 한다
몸과 마음을 다한 농사라야만
가끔씩 문학이라는 시장에 팔려 나갈 수 있고
시집이라는 좌판에 앉을 수 있다

시 농사를 쉽게 보면 절대 안된다
시는 하루 이틀에 자라지 않는다
농사는 오랜 경험으로 짓는 것
정성과 노력 없이 튼실한 열매를 맺을 수 없다

나도 하루 빨리 튼실한 농사를 지어서
교보문고 영풍문고 같은 큰 도매시장에 나가자고
다짐을 해본다

흰 고무신

한 걸음에 화를 지우고
두 걸음에 미움을 버리고
세 걸음에 마음을 비우고
네 걸음에 몸을 비워

가볍게 인생길 가보자
들썩들썩 어깨 흔들면서

십 문 칠
내 고무신

손만 한 번 흔들어줘도

대통령선거에서 내가 지지하는 후보를
찍어 달라는 뜻으로
선거운동원들이 길거리에서 손을 흔들고
두 손 무릎에 얹어 90도로 절을 올린다

지나는 길손들 바쁘지만
두 손가락 펴 보이고
창문 내려 손 흔들어 주시는 분
정말 고맙다
평소에는 그냥 지나칠 일이지만
선거 때 운동원들에게 흔들어주는 그 손은
보석보다 빛나는 격려이고 희망의 메시지다
손 한번 흔들어 주는 일
받는 사람에게는 최고의 용기를 주는 일이고
처진 어깨에 힘이 생기는 활력소가 분명하다

내 편이 아니더라도
그냥 손만 한 번 흔들어줬으면 좋겠다

거미줄

며칠이 걸려 날고 뛰며
한 올 한 올 꿰매어 걸어놓고
한없이 기다려 본다

비가 지나가며 때리고
햇빛이 눈부시게 얼려주고
바람 불어 출렁출렁 흔들려도
참고 참으며
버티고 버티며
기다리고 기다린다

언젠가는 걸려들겠지
애써 조급함을 참고 숨기며
희망의 끈 더 조여 놓는다
절대 포기란 없다

설마!
굶어 죽기야 하겠나

드디어, 철렁
눈이 번쩍 뜨인다

아궁이

자주 배가 고프다
마른 풀잎도 나뭇가지도
장작까지도 그냥 먹어치우지만
바로 소화시키면서 절대 배탈나지 않는다
나중은 잿빛 배설물만 받아 놓고
천사를 하늘로 올려 보내는
그 입 한번 후련하다

휘몰이 바람에 화가 나면
악을 쓰며 대들며
주인을 울리기도 하지만

젊은 병

병원에서 만난 칠십 중반 어르신께
어디 편찮으십니까?

인사했더니
오십견이 심하다네, 하신다

아이쿠, 더 젊은이병을 얻으셨으니
아직 한창입니다, 위로했더니

허허, 참 그런가 다행이네
기분 좋아 하신다

어깨를 들썩들썩하며
발걸음이 가벼우시다

거문산 할미꽃

따뜻한 봄날 마을 뒤 거문산을 오르면
찬바람 없는 양지쪽 무덤가에
머리 허연 할배와 입술 붉은 할매들이 모여 있습니다
등산로 곳곳에 무리지어
동네를 이루고 살고 있습니다
허리는 구부러져도 뽀송한 하얀 솜털 옷에
곱게 엷게 화장을 하신 노인들
뽀얀 뻐드렁니 드러내 빙긋이 웃음 지으시며
다소곳이 고개 숙여 등산객을 맞이합니다
나도 고개 숙여 인사합니다
그동안 잘 계셨는지요!
그 속에 우리 할매 할배도 계시더군요
나도 몸 아프고 늙으면
뒷동산 할미꽃 같이 맑고 곱게 치장하고
조바심 내지 않고 태연히 가는 날 기다려야 할 텐데
가서 맑은 꽃 피우고 밝게 웃을 수 있도록
노력하며 살아야겠다고 마음을 다잡아 봅니다

아버지의 귀중품

당신은 논밭과 소와 쟁기와 한세상 살다 가셨지요
쓰시던 지게와 삽과 홀태가 당신의 유일한 귀중품이었는데
이젠 녹슬어 버려진 채 누워있습니다
젊을 때는 일이 아버지를 부르고
일이 몸을 쉴 새 없이 쫓았지요
그래도 내색 않으시며
하늘을 우러르고 땅에 감사하며
양부모님께 성심으로 효도하고
조상님께 4대 봉천 올리셨지요

아흔 넘으시며 누우시더니
그 방에서 덜컥 가셨는데
그 방엔 아직도 당신의 온기가 가득합니다

3부.
자기다운 삶

보이차를 우리며

뭉툭하게 빚은 찻잔에 찻물이 어둡게 배어든다
밤하늘 검은 빛이 더 짙다

섣달의 한 겨울밤
진을 빼는 그의 마음이 따뜻하다

초승달이 어둠을 헤치고 가다가
찻잔에 미끄러졌다

목축이고 다시 가면서
보름날 밝게 보잔다

마음 가꾸기

먼저 보이는 곳
작은 얼굴이지만 코와 입, 눈과 귀의
크기와 넓이의 다름을 안다

보이지 않는 곳
볼 수 없고 알 수 없는 곳
마음 밭이다

가끔은 내색을 하지만
희로애락을 다 알 수 없기에
스스로 마음 밭을 가꾸고
곧고 깊은 뿌리를 박아야 한다

마음이 무너지면 전체가 흔들리니
날마다 거름 주고 다듬어서
폭풍우나 지진에도 흔들릴지언정
결코 부러지지 않도록
강하면서 맑은 마음을
스스로 가꾸어 가야 한다

알다가도 모를 내 마음을

출발선에서

준비운동을 하고
처음부터 뛰지는 맙시다

옆도 보고 뒤도 보고
적당히 발을 맞춥시다

목표까지는 길이 많이 남았어요
지치지 않도록 중간쯤을 유지하면서

가다가 숨차면 물도 마셔가면서
속도를 줄입시다

한 발 한 발
쉼 없이 거침없이

반말

어이! 봐라!
부르는 사람의 인격이 절반으로 뚝 꺾인다

이보세요!
부르는 사람의 인격이 한층 쑤욱 올라간다

인격은 대등한데 한 쪽이 힘을 과시하면서 반말을 하면
상대도 맞받아치는 게 인간이다

반말을 들으면 기분 나쁘기는 당연지사
속으로 까불고 있네 한다

공손한 말을 하면 웃는 얼굴로
존경을 표하는 것이 당연지사 아닌가

경어를 사용하면
내 자신이 저절로 올라간다

반말은 가볍지만 그 파장은 무겁고
존경의 말 한 마디가 감정을 사르르 녹이지

상추쌈

먼저 그녀의 온몸을 어루만지며 애무한다
목덜미 겨드랑이 사타구니까지도
몇 번을 씻기면서 달아오른다

눈이 둥글해지고
혀가 벌름거리고
입이 쩝쩝거린다

한 손으로는 만질 수 없어서
깨끗한 두 손으로 살포시 감싸 안고
입까지의 먼 거리를 단숨에 나른다
입맞춤도 생략한 채
사랑의 열기가 뜨거워 말조차 필요 없다
사랑이 가득담긴 새콤한 속맛을
속 깊은 마음을 나는 알기에
나는 삼시세끼 변함없이 그녀를 사랑한다

누가 한 손으로 그녀를 사랑한다면
그것은 절대 쌈이 아니지
그건 그냥 상추를 씹는 거지

가장 멋진 시詩

세상에 울고 나와서
처음 받은 선물

어머니 아버지를 할머니 할아버지로
호칭을 상승시킨 종복宗福이

내 이름 두 글자는 어머니 아버지가 열 달 동안
정성을 다해 지은 시詩다

마루 종宗, 복 복福
이름 덕분에 평생 법록을 빌고 복 받아 살아간다

세상 어느 유명 시인의 시보다도
멋지고 뜻 깊은 짧은 시다

자기다운 삶

눈 속의 난초는 더 강인해지고
더위 속의 난초는 더 유연해진다

그때그때의 상황에 따라
변화하며 피고 지는 생물처럼

우리도 계절에 맞춰 살려니
고되고 힘들게 버티어 가지만

희망을 잃지 않으면서
자신만의 독특한 삶이 있기에

오늘도 각자의 길로 각자의 자리에서
최선을 다해 살아간다

깜빡거리다

나는 요즘 깜빡깜빡합니다
자주 깜빡거립니다
금방 생각한 일을 금세 잊어버리고
놓아둔 물건이 어디 있는지 모르고
벗어둔 옷을 찾느라 헤맵니다
이곳저곳 뒤지고 다니는 일상이
나만 그런가 했더니 다들 비슷비슷하다 하네요
진작 해야 할 일을 까마득히 잊고
내일 꼭 해야 한다는 일도 한나절을 잊고 있었네요

내가 미워지고 바보라 자책하며 한심해지기까지 합니다
하지만 늦게나마 생각나는 건 그나마 다행이지요
녹 슨 머리를 자책하기보다는 메모하는 습관을 들이는 것
최상의 방지책인 것 같네요

깜빡거리는 것
아직 괜찮다는 증거입니다

땅끝마을에서

반도의 끝
멀고도 멀다

땅도 끝이 있고
산도 끝이 있고
강도 끝이 있고
우리들 삶도 끝이 있기에

오늘도 그 끝을 향해서
토말에서 객의 일원으로
저물어가는 해를 붙잡아 본다

끝이 낭떠러지인 줄 알았는데
그 끝에는 바다가 받쳐주고
동백 한 송이 뾰죽히 웃고 있다

바다에도 끝이 보이지 않고
반대의 하늘도 끝을 알 수 없다
인생살이 끝이 없다면 애탕개탕
살지 않아도 될 것 아닌가 싶다

끝 모르게 펼쳐지는 생의 길 위
땅끝에서의 하룻밤도 함께한 모두가
여여하기를 바라며 소주에 전복 한 점을 삼킨다

절에 가거든

어제는 오늘을 보람 있게 살아서 얻은 결과이고
내일은 오늘을 살지 못하면 없는 날입니다
오늘 불평하면 내일도 마찬가지
지금 기뻐하고 감사하면 내일은 용기와 힘이 납니다
현재가 가장 중요합니다
인생은 예금통장과 같습니다
오늘 복을 짓고 저축해야 내일 인출할 복이 있는 겁니다
절에 가서 자꾸 해달라고만 하고
나는 남을 위해 해주는 것이 없다면
그것은 구걸하는 겁니다

자비를 베풀고 용서해야
소원을 빌 자격이 생기는 것입니다
최소한 108배라도 해보세요
어떻게 변하는지

믿음

억새 풀숲 안 새 집에
하얀 산새알 네 개

일 나간 산새는
언제 오려나!

낮 동안 늙은 억새 잎이
품어주는 따스함에

산새는 억새를 믿어 집을 짓고
매일 걱정 없이 일을 다닌다

걸읍시다

걷는다는 것은 부딪히는 것이다
걷는다는 것은 느끼는 것이다
속도와 방향은 부수적이고 자세와 거리는 부속물이다
걷고, 걷다보면 자신을 회복할 수 있고
감정을 되찾을 수 있고
시간과 공간을 온통 환희로 채울 수도 있다
걷다 보면, 부자가 된다
시간과 장소가 그렇고
주관과 주체가 채워진다
자신을 만나는 것이고
나에게 말을 거는 일이다
생각과 느낌이 항시 따라와
가득 안기는 일이기도 하다
걸으면서, 자신을 다잡아서
오로지 나로서 살아갈 수 있다

걷고 또 걸읍시다
열일 제쳐두고라도, 하나 둘

마음의 영토

고기들이 연못에서 살면
세상이 그만큼인 줄 알지만
바다에 살면 세상 좁은 줄은 모른다

우리가 사는 곳이
도시면 바쁘게 설쳐야 살지만
농촌이면 철따라 농사지으며 산다

그렇지만 마음의 영토를 넓히면
세계가 이웃이고 내가 할 수 있는 일이
무수히 많다는 걸 알게 된다

작은 행복에 만족하면 나로써 행복하겠지만
큰 꿈을 찾아 달려 나가면
나 하나보다 우리들을 위해
큰일을 도모할 수 있을 것이다

삶의 깊이와 넓이가
달라져야 하는 이유다

죽비의 가르침

소나기 한판 놀다간 뒤
앞산 대밭길을 오른다
땀이 눈으로 파고들고
이리 갈까 저리 갈까
퉤! 가래침 소리에 놀란 비둘기 몇 마리
대나무 흔들어 죽비를 내린다
죽비를 덮어쓴 순간
머리를 스치는 육감으로 오른쪽을 택해 오르는데
왕대나무가 큰 손으로 죽비를 힘껏 내리친다

투덕 투덕 투다닥
다시 돌아가는 길
내 마음에서 작은 일렁임이 인다

우당탕 쾅
하늘에서 죽비가 더 세게 어깨를 내리친다
이놈아! 무슨 잡념이 그리도 많느냐
하나씩 하나씩 던져버려라

하루에 하나씩 그것도 어려우면
일주일에 하나씩 한 달에 하나씩이라도

소통의 힘

'나'라는 대명사는
'너'와 '그들'이라는
인칭대명사가 없다면
의미 없는 말일 뿐이다

서로의 입장과 감정을 이해할 때
진실한 목소리로 공감하게 되고
비로소 '너'와 '나', '우리'라는 관계 속에
'나'의 의미가 바르게 새겨진다

나만의 일방적 대화가 아닌 우리의 대화가 상통할 때
서로에게 울림이 되어 서로를 채워주면서
중도의 세상으로 평온해질 수 있는 것이다

배려하는 소통, 그 힘은 대단하다
세상을 밝고 맑고 따뜻하게
바꿀 수 있음을 늘 되새겨 보자

그래도 살아지더라

덕석에 가득 나락 널어놓고
아이는 툇마루에 눕혀놓고
부엌에서 김치를 치대는데
우르릉 쾅쾅 소낙비 퍼붓는다

나락도 채 덮어야 하고
장독 뚜껑도 덮어야 하고
빨래도 걷어야 하는데
애는 깨어나 울며 뒹구는데
별난 시엄니는 물체가 느리다고
야단법석을 떨었었다

일에는 앞뒤 순서가 있고
중요도에 크고 작은 것이 있는데
그때는 정신없이 허둥지둥하며
제대로 한 것이 없었다 싶어도

"그래도 살아지더라"

가뭄 끝에 소낙비 내리는 날
마루에 앉아 힘들게 살아온

젊은 날을 되뇌시는 어머니의 얼굴에
쓴 웃음이 알맞게 익었다

마지막이 일등

모두 빈손으로 왔지만
가는 방향과 속도는 다르다
설령 같은 방향일지라도
뚱보의 힘든 한 발짝에
홀쭉이는 수십 보를 간다

인생이라는 것이
길어야 백년 남짓인데
누구는 뒷짐 지고 가고
어느 놈은 뜀박질이다

모두의 골인지점은
결국 한 곳뿐인데도
과속 위반하며 가고 있다

그곳에는, 누가 뭐라 해도
웃고 즐기면서 가벼운 몸으로
마지막으로 골인하는 것이
일등인 줄 몰라서 그런가

황소고집

절대로 바꾸지도 고치지도 않으면서
버티고 버티는 성질머리
누가 뭐라 해도 꿈적도 않는다
소귀에 경 읽기다

황소도 처음은 이길 수 있다
그 힘을 꺾을 수는 없었지만
세월의 거친 풍파 만나다 보면
끝까지 이길 수만은 없다
주저앉을 수 있고 순식간에 무너질 수 있다

사람이 살지 않고
바람이 잘 통하지 않는 집은
썩어 허물어지기 마련이다
토담집에 볏짚을 썰어 넣는 이유다
 그러나 고집도 수리하면
튼튼한 새집이 된다는 사실을 알고 나면
오래 이길 수 있다

사안에 따라 꺾을 수 있을 때
더 큰 진가를 발휘할 수 있는데도

한자리

자리싸움에 나라가 시끄럽다
크고 작은 자리를 차지하려고
거짓말 해놓고 용서를 빌기도 한다
자리에 연연하지 않고 사양하는 분도
정중히 피하는 사람도 있지만
정작 얻으려는 사람은
그 자리에 걸맞은 사람인지
자리 값은 할 수 있을 런지 고민인데
흠허물 많은 사람은 버티기만 할 뿐
국민은 안중에도 없다
자격미달이다
투서하고 부풀려 터뜨리는 모습에
국민들은 싸잡아 개탄할 뿐이다
어떻게든 그 자리에 앉기만 하면
정승이 되는 착각은 버려야 할 양심이다

경멸의 자리가 아닌 무거운 책임의 자리라는 것
또한 자리가 사람의 무게를 알아본다는 사실 명심하기를

나으리들이여!
양파마다 한 껍질씩 벗기려거나
여러 개를 다 가지려거나 하지 말고
큰 것에 작은 것 몇 개 묶어서 나누고
모자란 듯해도 다음을 봐서 양보하여
하루 빨리 자리를 정돈해주시길

작은 아픔

친구가 심장수술을 했다
아주 펄펄 날았는데
동네 어르신이 입원을 했단다
장이 굳어 막혔단다
주위 지인이 위암이란다
소화는 문제없다고 자랑했단다

모두 남의 일이라
대수롭지 않게 넘겼다

나도 목이 뻣뻣하고
자주 편두통에 어지럽고 만사가 귀찮다

가만히 생각해 보았다
여러 번 신호를 보냈는데
무시하고 괜찮겠지 했다
견디다 못해 분풀이를 하는 줄
늦게사 눈치 챘는데 바보다

이제는 내 몸의 신호도
주위 분들의 작은 아픔도 신경을 써야겠다

남의 일이, 주위의 아픔이
나에게도 분명 예외일 수 없다는
사실을 입증하는
나의 작은 아픔이
고맙고 미안하기도 하다

보기엔 멀쩡해 보여도
크고 작은 아픔은
누구에게나 있다는 사실을 깨닫는다

광복절에

72년 전 오늘, 아버지는 일본 희로시마 근처에 있었지요
왜놈이 항복했다는 소식을 듣고
18살 소년도 그렇게 눈물이 나더랍니다

이제 내 조국 내 고향 동래로 가자
보따리 둘러매고 야매 표를 구해
힘들게 정관면 양수마을로 찾아왔답니다

되찾은 조국에 울려 퍼진 한여름의 그 함성
대한민국 만세를 목청껏 불렀다며
탁배기 술잔에 안주로 일삼았지요

광복 위해 목숨 바친 수많은 애국지사 영웅들
일제의 노리개로 청춘을 망치고
피맺힌 한 풀지 못하고 하직한 우리들의 할머니들

광복절! 절대 잊지 말아야 합니다
광복의 기쁨도 잠시,
또 다른 이름의 통치가 시작될 줄은 몰랐지만
그때 그 기쁨의 눈물이 아직도 온 산하에 맺혀 있건만

그래도 식민지 36년의 한이 풀리고
내 나라를 되찾은 날이기에 목청껏 외쳐봅시다

대한독립 만세! 만세! 만세!

수도암2)에서

홍류폭포 굽이치는 백운산 기슭에
얌전히 앉은 암자
법당 문만 열려있고
스님도 공양주도 기척이 없는데
절을 지키는 진돗개들만
쉼 없이 으르렁거리며 짖어댄다
부처님 전 향불 피우고
칠 배를 올리고 정신을 차려보니
암자 앞 홍류저수지로
접어들던 폭포수가 하는 말
내일 올릴 젊은 영혼 49제 장보러 갔다고
고함쳐 일러주며 헐떡거리고 있었다

---

2) 수도암 : 기장군 철마면 웅천에 있는 암자

4부.
호박을 심는 마음

포대화상을 보고

살다가 가끔씩 화가 치밀어 오를 때
만사태평 포대화상을 찾아가자
배를 만져보고
얼굴을 바라보자
나도 모르게 화는 내려가고
같이 웃고 있을 거다

뭐가,
그리도 좋으신지
포대는 어디다 두고
만삭의 배만 내밀고
웃음을 멈추지 않으니

허허, 그 참

남의 이야기

나에게 있어 현재의 역경과 고통은
다른 사람이 보면 그냥 남의 이야기다

그런데 그런 남의 이야기는
언제라도 나의 이야기가 될 수 있다

젊은 날의 역경과 고통은
세월이 흐른 뒤에 좋은 추억이 되기도 한다

현재의 역경과 고통이
웃으며 이야기할 추억으로 기록되려면

남의 이야기가 나의 이야기가 되고
우리들의 이야기가 되어야 한다

평상시 남의 이야기에도
귀 기울이며 관심주어야 겠다

독감

한번쯤은 비켜갈 수도 있는데
기어이 찾아오는 너를 외면하며 문 닫아도
조그만 빈틈을 보이면 또 찾아와서 두드리는
끈질긴 성정머리
잠시 한 눈 파는 사이 하수구를 통해 들어와
엣취! 엣취!
큰소리로 온 집안을 깨운다

하는 수 없이 두 손 두 발 들고
가슴 쓸어 가며 조심조심 달래고 달래며
공손히 진한 유자차를 바친다

내 마음의 우체통

내 작은 마음속에도 빨간 우체통이 하나 있다
사람들의 예쁜 사연을 기다리고 있다
꼭 편지지에 쓰지 않아도 좋다
스쳐 지나가며 남긴 한 마디 말도
저절로 편지되어 차곡차곡 쌓여간다
그 순정의 마음 방울은
오래도록 지워지지 않는다
발신인이 누군지 적지 않아도 나는 안다
수신인을 '나'라고 쓰지 않아도 나는 좋다
사랑하고 믿고 사는 사람들은
마음으로 편지를 주고 받는다
힘들고 어려울 때마다
나의 우체통 편지를 꺼내 읽으며
용기를 내고 행동으로 옮긴다

내 영혼을 깨워주고
내 귀를 열게 해주는
'사랑한다'는 말이 우체통에 가득하다
콧노래가 저절로 나온다

야옹이 똥

시골집 잔디 마당 한 켠에
날마다 모닥모닥 싸놓는다

고함치며 쫓아내도 돌아보며
어슬렁거리며 웃는다

마른 똥 덩이를 들여다보니
날마다 무얼 훔쳐 먹고 사는지 짐작이 간다

냄새도 말라버린 똥을
작은 삽으로 치우면서

밉기도 하지만, 이놈도
인연 닿아 찾아드는데

어찌하겠나
내 마음을 달래본다

엄동 삭풍의 밤
잠은 어디서 자는지

탁배기

원래는 쌀이었고
한때는 땀방울이었고
가끔은 진한 눈물이었다

농우 보약이었고
농부의 새참이었고
기쁘고 즐거운 날에는 기생이 되기도 했다

요즘은 막걸리 전통주라 부른다
전통을 이어가는 나도
가끔은 진하게 젖어
전통을 잇는 사람이 돼보고 싶다

낙지

짠물에서 희희낙락하며
인연 따라 육지로 온 저 보살을 보라
있는 힘 다해 깍지 손으로 달라붙는 정신력 당차지만
결국 체념하고 엎드린다
뜨거운 대중탕에 뛰어들며
온몸 내려놓는 살신성인
마지막 순간에도
용왕님께 꿇어앉아 손발모아 기도하며
동자 같은 부처가 되어
국화꽃으로 환생한다

나 하나 몸 바쳐
작은 소원 이뤄진다면
뭉친 응어리 풀어진다면
기꺼이

대변바다

새벽 바다가 몸부림치며 기지개를 켠다
입이 찢어질듯 하품을 해대는 사이
일어나라고 아침 해가 얼굴을 비추고
바다도 해도 눈을 부릅뜬다
아직 바다는 축축하지만
막 얼굴을 내민 햇살이 말려주며
비릿한 갯내음을 한껏 품어낸다

굵고 깊게 박힌 쇠말뚝에 목을 메인
어선들도 일렁 철썩 준비운동에 바쁘다
밤새 코 골던 어촌마을이 고동소리에 왁자지껄해지면서
장화 발길이 바빠진다
대변바다는 늘 이렇게 깨어나서
힘든 나날을 바쁘게 살아간다

파도와 씨름을 시작한다
해녀도, 어부도, 어선도

고구마 수확

여린 잎줄기 하나 잘라
멀건 흙속에 정성가득 묻어놓고
마를 세라 물바가지 수십 번
어깨동무하며 악착같이 자라나서
여름에는 줄기로 입맛 돋우더니
어설픈 농부네 가족들 설마설마
덩굴 속을 파헤치며 탄성을 지르고
서로를 쳐다보며 웃음 가득하다

여름 가뭄과 땡볕의 목마름을 깊이로 파고들어
 멋지게 장성한 자식을 키워낸 고구마 가족들의 밝은 얼굴을 보라
 땅은 절대로 거짓말 하지 않는다
 식물도 절대로 정성을 외면하지 않는다

허리 다리 아픈 어설픈 농부들
고구마 박스를 가볍게 들어 옮긴다
창고에 일곱 개의 박스가 얌전히 앉고
고구마들 새집 구경에 눈알이 총명하다

연꽃들의 연회

한낮에는 아무도 몰래 졸고 있더니
초저녁부터 연회를 벌인다
은유한 초승 달빛을 불러들여
살랑살랑 한바탕 춤을 춘다
달과 별의 모든 시선을 죄다 끌어들여
야한 밤을 수놓고 있다
머지않아 다시 진흙 속으로 가야할 그들
때를 맞춰 펼치는 어둠의 축제
아무나 볼 수는 없다
선한 마음으로만 볼 수 있다

삼라만상에 부처가 노닐고 있고
설법에 신이난 물소리 바람소리
우쭐거리고 웃다가 합장하고 있다

나무아미타불 나무연꽃불 나무달빛불

삶의 전쟁터에서

달리는 세월을 따라 가다보면
폭풍우도 추위도 이겨내야 한다
그 중에 아직 싱싱한 친구도 있고
벌써 누운 친구도 있다
세월을 거역할 수는 없어도
전쟁 속에서 살아남으려면
자기 몸은 자기가 지켜야 살아남을 수 있다
삶의 포화 속에서 전사자가 되는 것
자기 잘못이 제일 많다
삼시세끼 챙겨 먹고
연기는 피우지 말고
주색은 절제해야 할 의무를 역행하다 보면
총탄을 맞아 후송되고
결국엔 지름길로 가게 되는 이치인데
알면서도 다짐하면서도
아직 실천을 못하고 있으니
큰일이다

필연

어쩔 수 없는 운명으로 맺어진
어머니 품속 같은 포근한 사랑을 엮으며
뗄 수도 피할 수도 없는
그냥 그렇게 편안해지는 우리

이 생에서 피할 수 없는 당신
그 속에 내가 있고 내 안에 당신이 있어
척 알고 행동하는 둘
사랑하며 살아갑시다

성냥불 추억

작은 나무막대는 분홍색 유황을 덮어 쓰고
자신을 태워 세상을 밝혀 따뜻하게 해주었다

바람에 꺼질세라
살포시 두 손으로 감싸야 살릴 수 있었던 그 불꽃
그의 화려한 시절은 갔다

담배에 석유곤로에 아궁이도
그가 없었다면 우린 싸늘한 삶을 살아야 했다

팔각의 UN성냥과 속속들이 새삼 그리워진다
북풍한설 겨울이 되면
그가 더 그립고 고맙다

가스라이터가 없었다면
지금도 세상을 활활 태워
따뜻함이 가득할 텐데

여름밤이 불러낸다

여름밤은 나를 자꾸만 마당으로 불러낸다
평상에 수박이 누워있고
감자가 더위 먹고 축 널려지고
옥수수가 비집고 들어앉았다
풀벌레 소리를 바람이 잠재우며
웃음이 한마당 가득하다
가슴을 풀어재낀 마당도 지쳐 꾸벅거리고
시시덕거리다 숨소리도 잦아든 여름밤
평상은 세상에서 제일 큰 우리 집 안방이 되었다
방안에 별이 뜨고 구름도 유유히 마실을 간다
풀벌레 슬피 우는 밤
여름밤도 쓰러져 눕고 서서히 이슬에 젖어든다

모깃불도 엎어져 껌뻑이고
지친 몸의 나도 하품하며 조용히 드러누워
코를 골기 시작한다

엄마의 호미

엄마와 호미는 피붙이처럼 친근하다
밭이 엄마의 가슴이라면 호미는 엄마의 손이다
파고 묻고 솎아내고 뽑는데
손아귀의 끝에 온힘이 모인다
단순 소박한 엄마가 애지중지하는 보물이다
모든 힘은 호미 끝에서 조금도 낭비 없이 쓰여진다

농사가 전부였던 여장부지만
작은 호미만 있으면 모든 일은 쉽게 해낼 수 있다
엄마의 삶에서 보람도 주고 상처도 주었지만
아직도 놓지 못하는 유일한 도우미다
굳어 삐뚤어진 손이지만
호미는 늘 엄마의 평생 지킴이다

남편보다 더 오랜 시간
기력 있을 때까지 함께 할
뗄 수 없는 피붙이를 내일을 위해
소중히 걸어놓으신다

호미가 대를 이어 엄마와 살아가듯이
자식들도 자주 엄마와 함께해야겠다

머위

염천에 머위가 지쳐
반쯤 드러누워 있다

이때쯤 아버지는 머위찜을 잘도 잡수셨다
손수 베어 껍질 벗긴 머위와
며느리가 준비한 홍합이며 고사리가 솥에서 뒤범벅이면
찜을 끓이는 며느리의 얼굴에도 땀이 범벅이었다
잠깐 사이에 한 그릇 뚝딱하시고
막걸리 한 사발을 단숨에 들이키던 아버지의 음식

아버지는 공원에 누워 계시고
머위도 늙어 복더위에 쓰러져 간다
조만간에 며느리가 머위찜을
끓이면 한 그릇 보자기에 싸고
손수 담은 삼해주를 들고
공원으로 찾아뵈러 가야겠다

첫 제사

눈도 못 뜨고 입만 벌리시고
가쁜 숨만 몰아쉬시더니
요구르트를 떠 넣어도 넘기질 못하신다
벌써, 일주일을 버티신다
눈 좀 떠보라고 해도 그것마저도 못하신다
귀에다 대고 내가 누구냐고 물으면
아는 척은 하는데
마른 장작보다 가벼워진 몸
향년 92세, 병신년 6월 6일
왈칵! 숨을 몰아쉬더니 모든 것을 놓으셨다
자손들 큰절 올립니다 부디 영면하십시오

엄마는 혼자다

왁자지껄 하던 집이 하나씩 비어 간다
친정으로 외갓집으로 다들 돌아갔다
말라가는 음식조각을 정리하는 엄마는
말이 없어도 나중에는 혼자라는 걸 안다
그래도 명절이 있어서 좋다
힘들고 아파도 피붙이가 온다는 기대감만으로도
텅 빈 집에 원래대로 혼자다
힘이 빠지고 피로가 한 짐이다

아직은
웃음기가 조금 남아있지만

우리 집 안전벨트

차주는 난데
집사람은 무면허 운전수다
낮에는 빈차 밤에는 4명이 탑승
대문을 열 때마다 안전번호
차를 내릴 때 잠금 확인
평소에도 가스밸브 잠금
화장실 드나들 땐 꼭지 내림
시간 따라 커튼 벨트 조정
늦은 밤에야 실내 소등 점검

삶의 순간순간이 곧 안전
벨트 잠김이 확인돼야
집안에는 훈기가 돌고
식구 모두가 안전한 삶이다

우리 집 운전사는 마누라지만
안전띠는 스스로 매어야 한다

밭이 돌을 낳았다

땡볕에 풀 죽은 고추밭
세상 모르고 놀던 풋고추들이
소낙비에 잎사귀 품에 숨죽여 있다
대궁을 받치고 있던 흙덩이는
순식간에 밭고랑으로 휩쓸려 갔다
어린 고추들은 살려달라고 지줏대 잡고 아우성인데
산달을 채우지 못한 소낙비가 조산하다가 죽고 말았다
메마른 밭이 소낙비와 눈이 맞아
새끼 돌을 많이도 낳았다

어린 고추들은 아직도
그 사실을 아는지 모르는지

삶이란

삶은 옥수수다

한 알 한 알이 배태되어
한 자루의 옥수수가 되기까지
많은 땡볕과 비바람을 이겨야
바르게 여물 수 있고
적당한 시간과 온도로 삶아야
먹을거리로 제공될 수 있다

그 한 알 한 알을 씹어 먹는 맛이란
힘들게 살아온 우리들의 삶과 다를 바 없으니

나는 감히 '삶은 옥수수다'라고 말하고 있다

참깨

저 작디작은 한 톨 속에 새로운 세상이 숨 쉬고 있다
두드리고 다져진 세월의 알맹이
우주를 다져넣고 희망이 포개어져
튼실히 말리고 말린 한 톨 한 톨
뒹굴며 튀기고 볶이며 타닥타닥 온몸으로 울부짖는
환생의 마지막 몸부림 속에 영근 꿈이 보인다
터진 입술 사이로 말없이 흐르는 눈물 방울방울들
아픔만큼 맑아진 핏덩이가 한 방울씩 고일 때마다
해탈의 향내음이 온 몸을 파고들며 정신을 가다듬게 한다
한 맺힌 절규를 토해내고 짓이겨져
떨어진 육신은
내일의 꿈을 키워내는 거름으로 거듭난다

호박을 심는 마음

남새밭 두둑이나 초가집 담장 밑
손바닥만한 땅에 희망을 심는다

구덩이 깊게 파 잡거름을 가득 넣고
땀방울로 버무려 호박씨 몇 알을 묻어두는
농부는 벌써 여름 걱정이 없어졌다
받침 대나무 따라 줄줄이
지붕에서 주리 틀고 앉은 폼에 가슴 뿌듯하다

푸른 놈 한 덩이는 나물과 국으로
잎사귀 몇 잎 쪄서 풋풋한 쌈으로
누렇게 늙어서는 죽으로 떡으로

작은 씨 한 알이 뙤약볕에서
온 세상을 휘감아 돌고 돌면서
힘들게 살다가 모든 걸 다 주고 떠나는 삶이
우리 어머니의 삶과 다를 바 없다

우리들 삶도 또한 이럴진대

<작품해설>

서민출신 리더의 가슴 훈훈한 안목으로
노력은 성공의 어머니란 말을 증거하다

- 김 순 진 <small>(문학평론가 · 고려대 평생교육원 교수)</small>

서민출신 리더의 가슴 훈훈한 안목으로
노력은 성공의 어머니란 말을 증거하다

김 순 진(문학평론가 · 고려대 평생교육원 교수)

1. 들어가며

2018년 무술년 새해가 밝은 지 며칠 지니지 않은 시점에 한국스토리문인협회 회원으로 오랫동안 인연을 쌓아온 김종웅 시인에게서 전화가 왔다. 필자가 운영하는 출판사 사무실에 귀한 손님을 모시고 방문하고 싶다는 것이다. 나는 그가 술을 좋아하니 술이나 한 잔 대접해야겠다고 생각하고 있는데 정말 귀한 손님을 한 분 모시고 왔다.

그는 한국문인협회와 한국현대시인협회, 그리고 한국스토리문인협회 회원으로 함께 활동하고 있으면서, 필자가 경상남도 산청에서 주관해온 천상병문학제에 참여했던 정종복 시인이었다. 그는 계간 스토리문학을 정기구독해주는 독자이기도 했다. 그가 부산광역시 기장군에서 서울로 올라온 이유는 시집을 내고 싶다고 했다.

나는 속으로 그냥 시골 시인이 내는 시집이거니 폄하했다. 그런데 그가 보내온 시집 원고는 과히 나를 놀라게 하기에 충분했다. 그의 시는 단순히 시를 좋아하는 사람으로서의 시가 아니라 시를 전문적으로 배우고 전공한 시인의 시를 능가하는 시였다. 그는 2013년 초부터 현재까지 약 5년간 하루도 빠짐없이 습작을 해 1850여 회에 걸쳐 SNS에 올리는 시를 올리는 열정은 그 누구의 추종을 불허한다. 그만큼 시적 완성도가 높은 그의 시에는 도전정신이 들어있고, 용기와 희망의 메시지가 들어있었고, 무엇보다도 이웃을 사랑하고 함께 살아가려는 긍휼한 마음 들어있어 깊은 감동이 밀려왔다. 이에 나는 그의 시를 "서민출신 리더의 훈훈한 안목을 통해 노력은 성공의 어머니라는 말을 증거하다"라고 정의하고 싶다. 그래서 이 시집을 '1. 도전의 언어, 2. 사랑의 언어, 3. 소통의 언어' 세 가지 방법을 통하여 살펴보려고 한다.

2. 도전의 언어

그가 내게 "나는 초등학교만 정규학교를 나오고 나머지는 검정고시를 통해 중·고등학교를 졸업한 후 늦게 전문대학과 대학을 마치고 마침내 대학원에서 법학석사 학위를 받았다."고 말했을 때 가슴에서 뭉클한 것이 솟구쳐 올라오며, 눈가에는 눈물이 주르르 흘러 내렸다. 그동안 그가 해온 모든 훌륭한 일을 접어두고라도 그렇게 어려운 공부를 이겨낸 그에게 저절로 머리가 숙여졌다. 게다가 초등학교 졸업장만 가지고 검찰공무원 시험에 응시해 당당히 합격했다는 말을 들었을 때, "아, 계란으로 바위를 쳐도 바위가 깨질 수 있겠구나."라는 믿음을 가지게 되었다. 천년 사찰 지붕에서 떨어지는 낙숫물이 바위에 구멍을 낸다. 콜럼버스가 동료들 앞에서 계란을 세워보라 했을 때 아무도 계란을 세우지 못했다. 그런데 콜럼버스는 계란의 바람구멍을 깨뜨리며 계란을 세웠다. 그때 사람들은, "에이 그렇게는 누군 못 세워!"라고 비아냥대며 말했을 것이다. 그런데 콜럼버스는 그 사람들에게 "너희들은 못 세우지 않았느냐?"라고 되물었을 것이다. 계란으로 바위를 깨뜨릴 수 있다. 계란을 완전히 얼려서 돌처럼 단단하게 할 수도 있고 계란에 쇠로 껍데기를 만들어 씌울 수도 있다. 계란으로 바위만 깨뜨리면 되는 것이지, '날계란으로 바위치기'란 말은 애초에 없었음을 우리는 깨달아야 한다. 정종복 시인은 날계란으로 바위를 치지 않는다. 계란을 얼리거나 쇠계란을 만들어 바위를 치면 바위는 깨질 수 있다는 가능성의 길을 그는 알고 있다. 그는 도전정신과 아이디어로 무장되어 있다. 그래서 그는 남들이 철밥통이라고 말하는 검찰공무원을 한창 좋은 직장에 다니던 40대 초반에 그만두고 법무사를 개업한다. 그런 부분은 어쩌면 나를 빼닮았다. 나는 포천에서 행정공무원을 다니다가 그만두고 시를 쓰러 나와 잡지사 발행인이 되고, 교

수 소리를 듣는다. 인간은 현실에 안주해서는 안 된다. 도전해야 한다. 무모한 것처럼 보이는 에베레스트 산을 정복한 사람들에게 우리는 영웅이라 말한다. 도전은 과정이 아름다운 것이지 목표가 최선은 아니다. 요즘 평창에서는 동계올림픽을 하고 있다. 올림픽에 참가하고 있는 선수들에게는 수없이 많은 난관이 있었을 것이다. 스칼레톤의 윤성빈 선수는 스칼레톤을 연습할 연습장도, 썰매도 없었고, 컬링에 출전한 경북의성 출신의 여자선수들이 세계 1위의 캐나다와 2위의 스위스, 4위의 영국, 5위의 스웨덴, 7위의 미국을 격파했을 때, 우리는 응원의 박수를 보냈지만, 그들이 얼마나 열악한 환경에서 운동하였으며, 수많은 난관과 역경을 이겨내고 저리 밝은 모습이 되었을까는 알지 못한다. 도전은 성패와 상관없이 아름다운 것이다. 우리는 왜 무모한 도전을 일삼아온 돈키호테에 열광하는가, 우리는 왜 얼토당토않은 생각에 휩싸인 어린왕자를 흠모하는가? 그것은 실패를 걱정하지 않고 꿈을 향해 앞으로 나아가는 도전정신이 있기 때문이다. 나는 일찍이 강단에서 '도전하는 사람은 젊은 사람, 회상하는 사람은 늙은 사람'이라 수없이 말해왔다. 나는 그동안 도전하느라 회상할 시간이 없었다. 나의 과거는 나를 앞으로 나아가게 하는 디딤돌로만 쓰이지 슬픈 과거도 가난했던 과거도 우리에게는 모두 아름다운 추억일 뿐이다. 정종복은 도전한다. 고로 그는 젊은 사람이다. 다음 시 한 편을 읽어보자.

그때는 다 그랬지만
유독 우리 집은 더 했습니다
조부모, 형제 여섯, 식구 여덟
입에 풀칠하기도 바쁜데
학교, 그게 뭐 대수냐고

중년의 삶을 살아오면서
졸업장 없는 서러움, 가슴속에 가득했습니다
늦깎이 공부로 국가검정고시에 도전했습니다
피나는 역경 이겨낸 지난 세월을
안주삼아 함박웃음 가득한 모임

서로에게 디딤돌 되어주며
중장년의 밤이 젖는 줄 모릅니다
나이나 직업에 상관없이, 우리는
검징고시 졸업생입니다
검정고시 동창생입니다
국가고시 합격생입니다

남은 삶 멋지게 살자
기장동문회 화이팅! 파이팅

- 「검정고시 동문회」 전문

정종복 시인의 말처럼 그때는 그랬다. 60,70년대는 입에 풀칠하는 것만이 삶의 목표였던 시절이 있었다. '사발농사'라는 말이 있다. 집에 끼니거리가 없으므로 밥 때가 되면 온 식구들이 남의 집으로 뿔뿔이 흩어져 끼니를 얻어먹고 오는 것을 말한다. 보리밥, 콩밥, 감자밥, 시래기밥, 무밥, 고구마밥, 콩나물밥, 메밥 등 무엇이든 섞어먹어야만 연명할 수 있었던 그 시절에는 초등학교만 나온 사람들이 부지기수였다. 내 친구는 초등학교만 나와 방앗간에서 북대기와 왕겨를 담아야 하는 일을 했는데, 그 방앗간이 우리가 학교에 가는 길목에 있었으니 우리가 얼마나 부러웠을까 짐작이 간다. 나 역시 화전민의 자식이었기 때문에 아버지는 우리 집 살림살이로는 중학교에 보내 줄 수가 없다고 했다. 그런데 '큰아들만 큼만은 중학교라도 눈을 떼주어야 한다'며 어머니께서 날품팔이로 나를 가르쳤다. 그런데 그 어머니께서 병이 들어 중 3때 돌아가시고 나니 나는 고등학교를 갈 수 없게 됐다. 그래서 서울에서 공장을 다니다가 공부가 너무나 하고 싶어, 교복을 입고 학교에 다니는 학생들이 너무 부러워서 다시 고등학교를 가게 되었고, 지금도 공부 과정에 있으니 어쩌면 정종복 시인과 나는 같은 도전의 인생길을 걸어온 것 같다. 할아버지 할머니에 어머니 아버지, 그리고 형제들 여섯 명까지 모두 10명의 식구가 연명하려니 얼마나 힘들었을지는 짐작이 간다. 잡곡밥을 먹는지 학교에서 도시락 검사를 하고, 술을 담가먹으면 식량이 없어지므로 밀주(密酒)를 단속하던 그때, 그 어렵던 시절 희망의 끈을 놓지 않고 중·고등학교 과정을 검정고시로 패스한 '기장동문회' 회원님들에게 우레와 같은 박수를 보낸다.

어김없이 일어나는 새벽 5시 반 전후
눈 비비며 양치와 세수를 하고 새벽하늘을 쳐다본다
별들이 말똥말똥 빛나고 있다
의식을 가다듬고 이면지에 시 고랑을 만든다
선비가 먹을 가는 심정으로 온갖 상념을 정렬시키고
한 구절 한 연을 정성껏 심는다
그 위에 투명한 비닐을 덮어준다
몇 날이 지나야 싹을 틔울까
예쁜 씨앗은 며칠 만에 싹이 나지만
못난 놈은 오랫동안 애를 태운다
나쁜 놈은 아예 자살하는 놈도 더러 있다
싹을 튼실하게 키우기 위해서는
정성들여 물도 주고 잘 발효된 비료도 주어야 한다
최고의 상품으로 시장에 내놓으려면
떡잎도 속아주고 비가림도 해줘야 한다
몸과 마음을 다한 농사라야만
가끔씩 문학이라는 시장에 팔려 나갈 수 있고
시집이라는 좌판에 앉을 수 있다
시 농사를 쉽게 보면 절대 안 된다
시는 하루 이틀에 자라지 않는다
농사는 오랜 경험으로 짓는 것
정성과 노력 없이 튼실한 열매를 맺을 수 없다

나도 하루 빨리 튼실한 농사를 지어서
교보문고 영풍문고 같은 큰 도매시장에 나가자고
다짐을 해본다

— 「시詩 농사짓기」

그는 꿈꾼다. 그리고 도전한다. 사람들은 시인이 아무다 될 수 없는 것으로 안다. 그래서 '시는 아무나 쓰나, 타고나야 쓰지.'라고 말한다. 나는 이에 반문한다. 이 세상에 타고난다는 말은 없다. 축구선수 차두리는 타고난 것이 아니다. 아버지 차범근이 하고 있는 것을 자주 봐서 따라하다 보니 축구선수가 된 것이다. 그러면 차범근 선수는 타고났을까? 선천적인 기질이라는 것, 그것은 '천재는 1퍼센트의 영감과 99퍼센트의 노력으로 이루어진다'는 속담에서 벗어날 수 없는 말이다. 정종복 시인보다 한 살이 많은 차범근이 자라던 시절에는 축구가 그리 흥행하지도 흥행할 수도 없는 시절이었고, 차범근은 무던히도 노력했을 것이다. 정종복 시인 역시 그가 이만큼 완성도 높은 시를 쓰기까지 수없이 많은 습작을 해온 것을 잘 안다. 그래서 그는 날마다 시를 써서 밴드와 카카오스토리에 올리고, 수많은 독자들에게 사랑받게 된 것이다. 그의 말처럼 시쓰기는 농사와 마찬가지다. 비옥한 토양에 씨를 뿌려야 하고, 적당한 수분과 햇빛, 거름과 김매기 등 수없이 많은 손을 거쳐서 열매를 거둘 수 있는 농사처럼 시 농사 역시 새벽 일찍 일어나는 부지런함으로 시의 고랑을 만들고 "선비가 먹을 가는 심정으로 온갖 상념을 정렬시"켜서 "한 구절 한 연을 정성껏 심"어야 한다. "그 위에 투명한 비닐을 덮어"서 "싹을 튼실하게 키위기 위해서는 / 정성들여 물도 주고 잘 발효된 비료도 주어야 한다 / 최고의 상품으로 시장에 내놓으려면 / 떡잎도 솎아주고 비가림도 해줘야 한다"고 말한다. 그래서 그는 시의 부농을 꿈꾼다. "나도 하루 빨리 튼실한 농사를 지어서 / 교보문고 영풍문고 같은 큰 도매시장에 나가자고 / 다짐을 해본" 그에게 이제 그 꿈이 이루어지게 된 것이다. 이 시집이 나오게 되면 우선 국립중앙도서관과 국회도서관에 납본하게 될 것이다. 그래서 우리나라 심장부에 그의 시집이 꽂히고, 많은 사람들이 그의 시집을 자자손손 열람하게 될 것이다. 그런 말을 하니 내 가슴이 벅차오른다. 게다가 도서출판 문학공원에서 발간하는 시집은 우선 우리나라에서 가장 큰 점포망을 가지고 있는 교보문고와 영풍문고에 납품해서 전국에 배본된다. 그러니 그의 꿈이 이제 현실이 되는 것이다. 아마도 그의 책이 날개 돋친 듯 팔려나갈 것 같은 느낌이 든다.

3. 사랑의 언어

이웃을 사랑하지 않는 사람은 자신을 사랑할 수 없다. 고향을 사랑하지 않는 사람은 성공할 수 없다. 사람을 사랑하지 않는 사람은 리더가 될 수 없다. 그의 이웃사랑과 향토사랑은 가슴이 뭉클해진다. 정종복 시인의 이 시집 곳곳에는 이웃과 고향에 대한 사랑이 묻어있다. 그럼 몇 편을 읽어보면서 그가 얼마나 이웃을 사랑하고 고향을 사랑하는지 느껴보자.

    사과밭 넘어올까
    둘러 쳐놓은 철조망
    지나가는 행인 다칠까봐
    뾰족한 끝을 구부려 놓았다

    작고 사소하지만
    너무나 깊고 고운 마음이다

    내가 남들에게 말하고 행동하는 끝이
    뾰족한 줄 이제 알았다

    내 마음속의 뾰족한 심사
    이제 구부려 놓는다

    행여
    누가 다칠까 해서

                         - 「구부려 놓는 마음」 전문

  이 시만 읽어보아도 그가 얼마나 따스한 사람인가는 금방 알 수 있다. 사과밭 철조망 같은 것은 방범을 목적으로 함으로 뾰족해야 한다. 그래야만 도둑이 넘어 들어오지 못한다. 그런데 정종복 시인은 도둑방어용 철조망의 '뾰족한 끝을 구부려놓았다'고 쓰고 있다. 사과밭의 주인이 정종복 시인인지, 아니면 다른 사람인지 알 수는 없지만 "지나는 행인 다칠까봐" 그랬다는 것을 볼 때, 얼마나 따스한 마음이 드는지 포근한 이웃의 정을 느낀다. 도둑 막는 철조망의 끝을 구부려놓는 마음, 지나는 행인 다칠까봐서도 그렇다는 배려의 마음이 아름답다. 어릴 적 친구들과 다른 동네에 있는 복숭아과수원에 서리를 하러 간 적이 있다. 과수원에 둘러쳐져 있던 철조망을 넘어서 복숭아나무에 올라가 한창 복숭아를 따먹고 있을 때 무서운 개가 복숭아나무 밑에 와서 컹컹 짖어댔다. 우리는 꼼짝없이 잡히고 말았다. 주인은 배고픈 우리들을 바로 야단치지 않았다. 조금 상한 복숭아를 주면서 실컷 먹으라고 했다. 그리고는 복숭아창고로 데려가 일을 시키면서 아버지의 이름을 물었다. 주인은 아버지를 잘 알고 있었다. 복숭아를 싸주면서 "앞으로 그러지 말아라, 너희 집 논에 있는 벼를 내가 다 베어가 버리면 너희는 무얼 믿고 살겠니? 나도 이게 농사란다."라고 하신 말은 성인이 된 지금도 가슴에 남아있고 그날 이후 나는 남의 것을 훔쳐 먹지 않았다. 그 과수원 주인은 우리 아버지의 자식농사를 망치고 싶지 않았던 것이다. 정종복 시인의 철조망은 분명 도둑을 막는데 필요하다. 그런데 철조망이란 들어오지 말라는 뜻의 상징적인 것이다. 정말 훔쳐갈 마음이 있으면 차를 대고 따간다. 사과밭의 철조망 끝을 구부려 놓으면서 그는 반성한다. "내가 남들에게 말하고 행동하는 끝이 / 뾰족한 줄 이제 알았다"고 말하면서 "내 마음속의 뾰족한 심사"를 "이제 구부려 놓는"다고 말한다. "행여" 정종복 시인이 한 말로 인해 "누가 다칠까 해서" 말이다.

> 대변항의 배에 죽음이 가득하다
> 그물에 목을 매단 죽음 앞에 슬픔보다는 웃음이 시끄럽다
> 어여샤 어여샤
> 어부들의 힘찬 손놀림에 죽음이 하나둘 뒹굴고 있다
> 피 비린내 바다에 가득하다
> 투박한 갯사람들의 외침이 항구를 출렁이게 할 때
> 죽음을 실은 트럭이 핏물을 흘리며 무거운 발걸음을 움직인다
>
> 싱싱한 대변멸치 왔습니다
> 멸치젓 담으소
>
> 숨통 끊어진 채 굵은 천일염으로 버무려진 죽음들
> 양철동이 속에 묻혀 두꺼운 비닐 속에서 익어가며
> 멸치가 시끌벅적 대변항의 새벽을 열고 있다
>
> 멸치 담으소
> 싱싱한 대변 멸치 담으소

- 「멸치젓갈」 전문

대변항은 부산시 기장군 대변리에 있는 항구다. 그곳에서는 해마다 4월이면 기장멸치 축제가 열린다. 정종복 시인은 이 시에서 상징을 통한 지역과 특산물 홍보라는 두 마리 토끼를 잡고 있다. 이형기 시인은 상징에 대하여

설명하기를 '돈은 종이거나 쇠붙이지만 경제적 가치를 대신한다.'고 말한다. 돈이 경제적 가치의 상징이 아니라면 아무도 돈과 물건을 바꾸지 않을 것이다. 대변항은 기장군을 대표하는 지역적 상징이고, 기장멸치 역시 기장군을 대표하는 특산품의 상징이다. 이형기 시인은 또 "오직 인간만이 상징을 만든다. 인간은 그 상징 속에서 살고 있다."고 말하고 있다. 그래서 독일의 철학자 카서러는 인간을 '상징적 동물'이라고 규정한 바 있다. 시에 있어 상징은 중요한 요소이다. 그러나 상징은 시대와 국가에 따라서 변화하기도 한다. 과거에는 비둘기는 평화의 상징이었다. 그러나 지금은 도시빈민의 상징이 되었다. 우리나라에서 까치는 길조로 여겨왔다. 그래서 설날 노래에도 "까치 까치 설날은 어저께고요, 우리 우리 설날은 오늘이래요."라는 노래를 부르기도 했다. 그만큼 까치는 상서로운 길조로 여겨왔다. 그런데 과수농업이 성행하던 유럽에서는 까치를 흉조로 여겼었다. 우리도 지방마다 과일 농사가 성행하는 요즘은 까치를 흉조로 여기고 있다. 그렇게 변화하는 상징일지라도 지역만큼은 상징의 의미가 잘 변하지 않는다. 대변항이 기장군의 상징이고, 기장멸치가 대변항의 변하지 않는 상징이듯이 정종복 시인 역시 기장군의 일꾼이요 리더로서의 상징은 변하지 않을 것이다.

따뜻한 봄날 마을 뒤 거문산을 오르면

찬바람 없는 양지쪽 무덤가에
머리 허연 할배와 입술 붉은 할매들이 모여 있습니다
등산로 곳곳에 무리지어
동네를 이루고 살고 있습니다
허리는 구부러져도 뽀송한 하얀 솜털 옷에
곱게 엷게 화장을 하신 노인들
뽀얀 뻐드렁니 드러내 빙긋이 웃음 지으시며
다소곳이 고개 숙여 등산객을 맞이합니다
나도 고개 숙여 인사합니다
그동안 잘 계셨는지요!
그 속에 우리 할매 할배도 계시더군요
나도 몸 아프고 늙으면
뒷동산 할미꽃 같이 맑고 곱게 치장하고
조바심 내지 않고 태연히 가는 날 기다려야 할 텐데
가서 맑은 꽃 피우고 밝게 웃을 수 있도록
노력하며 살아야겠다고 마음을 다잡아 봅니다

- 「거문산 할미꽃」 전문

  이 시는 은유심상법에 의한 시다. 필자는 엘리어트의 말을 빌어 "모든 시는 객관적 상관물에 의해 운반되어야만 한다"고 『효과적인 시창작법』3)에서 설명한 바 있다. 하고 싶은 말을 객관적 상관물이라는 사물이나 사건을 통해 말을 하다보면 저절로 은유가 일어나 효과적으로 시를 표현해낼 수 있다는 말로 풀이할 수 있다. 정종복 시인의 눈에 있어 거문산 무덤가의 할미꽃 군락지는

---

3) 김순진, 효과적인 시창작법, 2013, 도서출판 문학공원

노인들이 사는 마을이다. 그래서 그는 은유심상법을 쓰면서 노인들이 '구부러진 허리'로 '뽀송한 하얀 솜털 옷'을 입고 산다며 관찰심상법에 의한 시를 병행해서 써내고 있다. 또 은유심상법과 아울러 '곱게 엷게 화장을 하신 노인들 / 뽀얀 뻐드렁니 드러내 빙긋이 웃음 지으'신다고 한다면서 상상심상법을 병행해서 써내고 있다. 정종복 시인은 늙어도 오순도순 어울리며 살자는 말을, 당당하고 행복하게 살자는 말을, 늙기 전에 잘 하자는 말을 '거문산 할미꽃'이라는 객관적 상관물을 통하여 말하고 있는 것이다. 그래서 그는 자신의 다짐을 "나도 몸 아프고 늙으면 / 뒷동산 할미꽃 같이 맑고 곱게 치장하고 / 조바심 내지 않고 태연히 가는 날 기다려야 할 텐데"라면서 늙는 데 대한 걱정마음을 숨기고 "가서 맑은 꽃 피우고 밝게 웃을 수 있도록 ? 노력하며 살아야겠다고 마음을 다잡"는다. 나는 정종복 시인이 하는 일이 너무나 많아서 사무에 바쁠 텐데, 그래서 시를 쓰는 것만으로도 훌륭하다고 생각했는데, 이렇듯 다양한 기법으로 시를 써내는 것을 보고 언제 그렇게 시를 배웠는지, 언제 그렇게 좋은 시를 써낼 수 있는 안목을 가졌는지 깜짝 놀라지 않을 수 없다.

4. 소통의 언어

 우리 속담 중에 '쇠귀에 경 읽기'라는 속담이 있다. 말이 안 통한다는 말을 한다. 많은 지도자들이 소통의 부재로 하마평에 오르내린다. 서로 소통하다보면 쉽게 풀 수 있는 일도 속내를 감추고 혼자 처리하다가 적을 만들게 된다. 정종복 시인의 시의 면면들을 살펴보면 소통에 관한 시가 가장 많다. 그런 점에서 정종복 시인은 자신에게나, 이웃에게 소통을 중요하게 여기는 시인이라 말해도 좋을 것 같다. 그러면 정종복 시인은 소통을 얼마나 중요하게 생각하고 있는지에 대해 살펴보기로 하자.

  동네 경로당 할머니들 제발 티브이 좀 끄라고 난리다
  매일 지지고 볶고 지랄들이니 티브이 보기가 싫단다

  많이 배우고 잘났다는 것들이 좋은 것 처먹고
  하는 일이 싸움질만 하고 있으니 말이다
  허우대는 멀쩡한 것들이 욕심이 머리끝까지 차서
  양보는 조금도 안하고 떼를 지어 고함만 쳐댄다
  사람이기에 실수할 수도 있다
  실수하고 잘못했으면 사실을 인정하고 용서를 빌어야 한다
  높이 배우고 많이 가졌다면
  못 배우고 불쌍한 사람들을 도와주며 함께 살아야 할 건데도
  낯짝 두껍기가 철판보다 더하고

양심이라곤 손톱만큼도 없으니
요즘의 세상 꼴 보기도 싫단다

이놈의 세상 우째야 좋을꼬
나무아미타불 관세음보살!

- 「제발 티브이 좀 꺼요」 전문

  이 시는 선량이 된 정치인들이 자신의 목소리만 높여 소통의 부재로부터 오는 사회적 병리현상을 꼬집는 시라 할 수 있다. 나는 이 시를 이 시집의 표제시로 정하려 한다. "제발 티브이 좀 까라"고 하며 정치를 불신하는 국민들의 말을 귀담아듣는 분이 되라는 뜻이다. 국회의원들은 제각기 정당에 소속되어 있어서 상대 당의 의견이 맞지 않으면 서로 멱살을 잡고 싸우거나, 단장을 점거하고, 국회를 점거해서 농성을 한다. 그것을 보는 국민들은 배신감이 이만저만이 아니다. 그런 걸 보려고 투표해서 찍어준 것은 아닐 것이다. 그러니 할머니들의 불만이 심한 것은 뻔한 이치다. 오죽하면 "제발 티브이 좀 꺼라"고 말했을까? 정종복 시인은 정치에 신물이 난 서민들의 마음을 이해할 것이다. 그는 개인보다 기장군의 발전을 먼저 생각한다. 그는 기장군에서 법무사사무실을 운영하고 기장군의회 의원과 기장군의회 의장, 그리고 철마초등학교 동창회, 바르게살기운동, 로터리클럽 등에서 활동해온 사람이다. 필자는 정종복 시인은 기장군민을 진심으로 부모형제처럼 모실 수 있으리라는 생각을 해본다. 새로운 것을 향해 끊임없이 도전해온 그동안의 그의 이력을 볼 때 그는 지역사회를 가장 효과적으로 발전시킬 최적의 인물이라는 생각을 해본다.

    '나'라는 대명사는
    '너'와 '그들'이라는
    인칭대명사가 없다면,
    의미 없는 말일 뿐이다

    서로의 입장과 감정을 이해할 때
    진실한 목소리로 공감하게 되고
    비로소 '너'와 '나', '우리'라는 관계 속에
    '나'의 의미가 바르게 새겨진다

    나만의 일방적 대화가 아닌 우리의 대화가 상통할 때
    서로에게 울림이 되어 서로를 채워주면서
    중도의 세상으로 평온해질 수 있는 것이다

    배려하는 소통, 그 힘은 대단하다
    세상을 밝고 맑고 따뜻하게
    바꿀 수 있음을 늘 되새겨 보자

                         - 「소통의 힘」 전문

앞서 말한 바와 같이 정종복 시인에게 있어 가장 큰 관심사는 소통이다. 그의 시를 보면 소통에 관한 시가 가장 많다. 그 제목을 살펴보면 "구부려 놓는 마음, 술에 빠지면, 우友테크, 밥값 대신, 두루마리 휴지, 시 다림질, 혀, 댓잎 같은 삶, 세월의 강, 틈, 나무에게 배우다, 시 농사짓기, 흰 고무신, 젊은 병, 보이차를 우리며, 마음 가꾸기, 반말, 가장 멋진 시, 마음의 영토" 등 대부분의 시들이 소통에 관한 시로 이루어져 있다. 그것은 그가 소통이 무엇인지, 소통이 얼마나 중요한지 알기 때문이다. 여기서 소통에 대한 10가지 명언4)을 소개한다. "(1) 앞에서 말할 수 없으면 뒤에서도 말하지 마라. (2) 말을 독점하면 적이 많아진다. (3) 내가 하고 싶은 말보다 상대방이 듣고 싶은 말을 하라 (4) 목소리의 톤이 높아질수록 말의 뜻은 왜곡된다. (5) 귀를 훔치지 말고 가슴을 흔드는 말을 하라. (6) 뻔한 이야기보다 편(우스운)한 이야기를 하라. (7) 칭찬에 발이 달렸다면 험담에는 날개가 달려있다. (8)말을 혀로만 하지 말고 눈과 표정으로 하라 (9)입술의 30초는 마음의 30년이 된다. (10)혀를 다스리는 것은 나지만, 뱉어진 말은 나를 다스린다."가 그것이다. 하나하나 음미해보면 정말 그 뜻이 의미심장하고 큰 가르침을 준다. 최근 나는 지나가는 말로 말실수를 해 큰 곤란을 겪었다. "앞에서 말할 수 없으면 뒤에서도 말하지 마라."라는 말을 어긴 것 같다. 말이라는 것은 본심과 다르게 날개를 달고 돌아다닌다는 말을 실감했다. 이번의 계기를 스승

---

4) 자료 출처 : 맛난 양갱, 소통에 관한 짧고 멋진 말, '유재석의 말에 관한 명언 10가지'라 되어 있다. 아마도 코미디언 유재석이 국내외에 전해져 내려오는 말을 정리해 놓은 것 같다.

삼아서 앞으로 절대로 뒷담화, 뒷말하지 않겠다는 다짐을 했다. 위의 열 가지 모두가 우리에게 피가 되고 살이 되는 말이다.

5. 맺음말

　이상에서처럼 정종복 시인의 시 몇 편을 읽어보면서 그가 어떤 생각을 가지고 살아가는지 살펴보았다. 정종복 시인의 시를 정리해본다면 도전과 사랑, 그리고 소통이다.
　그의 시에 대한 면면을 살펴보면 그는 끊임없이 노력하고 도전하는 사람이었다. 늘 내가 잘 하고 있는 것인가? 정도에 벗어나는 일은 없는가를 뒤돌아보고, 새로운 세상을 향해 도전하는 사람이었다. 부모형제를 끔찍이 생각하고 화목한 가정을 발전의 엔진으로 생각하는 사람이었다. 일찍이 수신제가치국평천하修身齊家治國平天下라 해서 나라를 다스리려면 우선 내 몸을 갈고 닦으며 집안을 잘 다스려야 한다고 했는데 그는 이를 잘 실천하는 사람이다. 이 시집에는 부모님에 대한 시가 여러 수 등장하고, 아내에 관한 시가 여러 수 등장하는 바와 같이 그는 화목하고 평화로운 가정이야말로 지도자가 지닐 최고의 덕목으로 그의 끊임없이 솟아나는 에너지는 가정의 화목으로부터 시작된다고 본다. 그는 진실로 내 고장과 이웃, 친구를 사랑하는 사람이고 그는 기장에서 나고 자란 사람으로 뼛속까지 기장 생각인 사람이다. 기장의 말과 기장의 풍속과 기장의 가려운 곳을 가장 잘 아는 사람이다. 우체국 사환으로 시작해 군의회 의장까지 한 사람, 초등학교 졸업학력을 가지고 검정고시로 중·고등학교를 졸업하고, 전문대학과 편입해 대학교 과정을 마치고 마침내 대학원을 졸업해 법학석사가 된 사람이다. 그 이력만 봐도 감동스럽다. 소통은 정치의 기본이다. 고을 원님이 백성들과 소통하지 못하면 백성들의 가려운 곳을 알 수가 없다. 장군이 병사들과 소통하지 않으면 진격명령을 내려도 전장에서 앞으로 나가 싸우려는 병사가 없어진다. 최근의 한 권력자는 불통으로 인해 국민들이 촛불혁명을 일으켜 축출되었다. 그만큼 소통은 리더에게는 최고의 덕목으로 손꼽히는 말로서 정종복 시인이 얼마나 소통을 중요하게 생각하는 지 알 수 있을 것 같다. 그가 오랜 세월에 거쳐 이처럼 훌륭한 시집을 내는 것은 그의 발전에 매우 중요한 전기가 마련될 것이다. 시집 상재를 진심으로 축하드린다.

국립중앙도서관 출판예정도서목록(CIP)

이 도서의 국립중앙도서관 출판예정도서목록(CIP)은 서지정보유통지원시스템 홈페이지(http://seojinlgokr)와 국가자료공동목록시스템(http://wwwnlgokr/kolisnet)에서 이용하실 수 있습니다.

(CIP제어번호 : CIP2018005769)

정종복 시집

제발 티브이 좀 꺼요

초판인쇄일 2018년 02월 22일
초판발행일 2018년 03월 01일

지은이 : 정종복
발행인 : 김순진
편집장 : 전하라
디자인 : 김초롱
펴낸곳 : 문학공원
등 록 : 2004년 3월 9일 제6-706호
주 소 : 우편번호 03382 서울 은평구 통일로 633
　　　　녹번오피스텔 501호 스토리문학사
전 화 : 02-2234-1666
팩 스 : 02-2236-1666
홈페이지 : http://cafe.daum.net/yob51
이메일 : 4615562@hanmail.net

※ 책값은 뒤표지에 있습니다.
※ 저자와의 협의에 의해, 인지는 생략합니다.